その税金ニャンとかします!
マンガ：キタ大介
ブル
ブル
ブル
ブル
決算申告書
くそ〜〜!!
こんなに納税するのか〜!
ビリビリ
ビリビリ
※マネしないでください。

儲かると思って、会社を始めたはいいけど、
○○会社
会社でも納税!
事業税
法人税
個人でも納税!
所得税
相続税
事業税
法人税
全然お金が残らないじゃないか!
所得税
相続税
事業税
法人税

OPEN
BAR
はあ〜
やっていられ
ないぜ。
あちらの
お客様
から
です。
その悩み！
ニャンとか
しましょう！

だいぶお悩みのようだね。
は〜…
でも、こうも考えられるんじゃない？
え？
中小企業の社長には、節税のチャンスが2倍ある、と！

社長、来期の予想利益は？

2000万です。

役員報酬はいくらにするつもり？

2000万です。

ほお、少しは勉強しているようだね。そうすると、個人の税金は、ざっと527万といったところか。

じゃあ、
役員報酬を１０００万に
すると、どうなる？
会社の税金が
上がるだけじゃ……
個人の税金、
会社の税金、
それぞれ
計算して、
合計
してみて！
NO!
NO!
NO!
あれ？
合計４２０万、
１０７万も
安い！

そう。法人と個人の立場を上手に使って節税する。これは、サラリーマンには絶対できない、社長ならではの節税策なんだ。こんな方法、初歩の初歩だよ。
すごいです！もっと教えてください。
ちょっとトイレ。

ムニャムニャ、
ハッ!
あれ? 俺の隣にいた人は?
しばらく前に、お帰りになられました。
そうか。じゃあ会計を。
え! 俺こんなに飲んだ?
ご一緒ということでした。
まいったな……
あと、こちらをお渡しください、と。
社長の節税と資産づくりがまるごとわかる本
こ、これは……
社長の節税と資産づくりがまるごとわかる本
完

知らなければ損をする！
［オーナー経営者＆地主さん必読］

社長の節税と資産づくりがまるごとわかる本

広瀬元義 監修

一般社団法人 起業家を支援する全国会計事務所協会
頼れる税理士の全国チェーン Q-TAX® 中小企業を応援する会計事務所の会 著

あさ出版

はじめに

誰でも余計な税金を払いたくないものです。
特に、収入が多いとされる中小企業のオーナー経営者であれば、なおのことその思いは強いでしょう。

「期末に利益が出すぎてしまった」
「納税をしたら思った以上に資金繰りが苦しい」
「税務調査で追徴課税されて、また余分に税金を払うことになった」
「不動産投資をしているが、効果的に節税できているかわからない」
「家族に家や土地を残してあげたいが、先々の相続税が心配」
「自社株を贈与しようと思ったら、多額の税金がかかりそう」

このような悩みをかかえる中小企業の社長さん、とりわけ、オーナー経営者が、〝手残り〟

をどうやって増やすか、そのノウハウを一冊にまとめたのが、本書『社長の節税と資産づくりがまるごとわかる本』です。

会社の節税法（第1章）と**社長個人の節税法（第2章）**では、それぞれの立場で節税策の基本をまとめました。**会社と個人の取引を使った節税法（第3章）**では、二つの立場を活かした、オーナー経営者ならではの節税策を取り上げています。

さらに、増税が決まった**相続と贈与の節税法（第4章・第5章）**や、オーナー経営者の悩みの種ともいえる**自社株の節税法（第6章）**についても解説しています。

それぞれの税金対策は基本的に独立しています。そのため気になるテーマから先に読んでいただいても結構です。もしお読みになって、「少し難しいな」と思ったときは、会社の顧問税理士に相談してみてください。

また、より税務に精通した税理士から節税のアドバイスをもらいたいという場合は、巻末の会計事務所一覧をご参照ください。いずれも社長さんの税務に強く、ちょっとした相談や悩みにも丁寧に応えてくれるはずです。

きちんと売上を上げて、上手に節税する、これが強い会社の条件です。
本書によって、社長さんがこれまで以上に税務に精通し、よりよい経営を実践されることを心より祈っております。

平成二十六年五月

株式会社アックスコンサルティング
代表取締役　広瀬元義

第1章 まずは基本！ これが会社の節税法

第2章

これも大切！ 社長個人の節税法

第3章 オーナーだからできる！会社と個人の取引を使った節税法

第4章 早めの準備がトク！ 相続の節税法

第5章

相続とセットで考える！ 贈与の節税法

第6章 実は重要！自社株の節税法

※本書の記述は、2014年5月末時点の法令にもとづいています。

第1章

まずは基本！
これが会社の節税法

1

社長の報酬と退職金を使った節税法

◆社長の報酬と会社の利益のバランスが大事

自分の報酬が高い方がよいか、低い方がよいか、と聞かれたら、どう答えるでしょうか。
雇われ社長なら、「高い方がよい」で正解です。

しかし、オーナー社長の場合、話はそんなに単純ではありません。

驚かれるかもしれませんが、オーナー社長の報酬は高過ぎて損をする場合もあります。

オーナー社長とは、会社の株をほとんどもっている社長のことです。会社のほとんどの株をもっているとは、会社が積み上げた利益を自由に使える権利をもっているということです。したがって、会社の利益が大きいとオーナー社長にとっては有利です。そして、会社の利益を大きくしようと考えれば、報酬は少ない方がよいということになります。つまり、オーナー社長にとって、会社の利益と自分の報酬のバランスが大事なのです。

会社の利益には、法人税が課税されます。一方、社長の報酬には、所得税が課税されます。相関関係がある両者が別々の税法で課税されるのです。役員報酬を差し引く前の会社の利益を、役員報酬として受け取るのか、法人税を支払ったうえで利益としてそのまま留保するのかによって、オーナー社長の持ち分としての金額が変わっていきます。

では、どのように変わってくるのか、説明していきましょう。

◆所得税等から社長の報酬を考える

所得税法では、オーナー社長の報酬も従業員の給料と同じく給与所得に分類されます。所得税の計算の仕方は社長も従業員も変わりません。

我が国の所得税法の特徴は、「超過累進課税」です。所得の金額が上がるごとに、階段状に税率が高くなるように定められています。

また、給与所得控除が認められているのも特徴です。これは、給与所得者に対して、実際には使っていなくても税法で定めた計算で求められた金額を経費として、給与の金額から控除することができる制度です。法人で架空経費を計上すれば大問題ですが、給与所得者が法律で控除を認められている点は強みといえるでしょう。

この給与所得控除の存在も、社長の報酬額を検討するときの重要事項です。報酬の金額によって、給与所得控除の金額が変動するからです。

また、国税である所得税以外に、地方税（都道府県、市町村の税金）として住民税（合計10％）が課されます。

◆法人税等から社長の報酬を考える

法人税等とは、法人税、復興特別法人税と法人住民税・事業税を合わせたものをいいます。法人税は、法人税法上の利益である「所得」の金額に、その金額に応じて定められた税率をかけて算出します。

これまで説明してきたとおり、社長の報酬を増やすと利益が減り、減らすと利益が増えるという意味で、社長の報酬の金額は法人税等の額とも関係しています。

社長の報酬は、法人税法上は３種類に分類されています。一つは役員報酬で、ここまで社長の報酬という言葉で説明してきたのは、すべて役員報酬としての説明です。この役員報酬以外に、役員賞与と、役員退職金があります。

このうち、役員報酬と役員退職金は、法人税等の計算上は同じ扱いで、これらの金額が

所得税額と給与所得控除額

◆個人の所得税額

（円）

収入金額		税額速算表	
超	以下	所得比例	控除額
	1,950,000	15%	0
1,950,000	3,300,000	20%	97,500
3,300,000	6,950,000	30%	427,500
6,950,000	9,000,000	33%	636,000
9,000,000	18,000,000	43%	1,536,000
18,000,000		50%	2,796,000

※所得税＋住民税、事業税はなし（復興特別所得税は考慮していない）

◆給与所得控除額

（円）

収入金額		給与所得控除額	
超	以下	所得比例	固定額
	1,625,000	—	650,000
1,625,000	1,800,000	40%	—
1,800,000	3,600,000	30%	180,000
3,600,000	6,600,000	20%	540,000
6,600,000	10,000,000	10%	1,200,000
10,000,000	15,000,000	5%	1,700,000
15,000,000			2,450,000

増えれば、法人税の課税対象となる「所得」が減り、減れば増えます。しかし、役員賞与については、増えても「所得」が減らないことになっています。したがって、社長は、役員賞与でもらうより、役員報酬でもらった方が、法人税法上は有利です。

　役員賞与は、利益が出たときに特別に支給する場合だけでなく、役員報酬のうち、その支給額が毎月一定でない場合の、その超過額についても、役員賞与とみなすことになっています。これは役員報酬を変動させることで、意図的に法人の利益を少なくして、法人税等を脱税することを防止するために設けられたルールです。

　また、法人税等の税率は、所得税とは異なる課税体系となっています。さらに、法人税等における事業税は、税金にもかかわらず経費になります。そうした点を考慮し、すべての税金を合わせて計算した税率を実効税率といいます。実効税率と所得の金額をまとめると次ページのようになります。

　この実効税率は、最後に、最適な役員報酬の決め方の説明をするときに使いますので、覚えておきましょう。

◆社長の退職金が資産づくりのポイント

役員報酬と法人実効税率

◆法人実効税率

(円)

所得額		実効税率
超	以下	
	4,000,000	21.43%
4,000,000	8,000,000	23.16%
8,000,000		36.05%

※実行税率の計算式

$$\frac{\text{法人税率}\times(1+\text{住民税率})+\text{事業税率}}{1+\text{事業税率}}$$

(内訳)

税目	税率	条件
法人税(※1)	15.0%	**800万円まで**
	25.5%	**800万円超**
事業税(※2)	2.7%	**400万円まで**
	4.0%	**800万円まで**
	5.3%	**800万円超**
法人税割	17.3%	**法人税×税率**
均等割	70,000円	**最低金額**

※1　事業税は(地方法人特別税を含む)損金算入されます

次に退職金です。実は資産づくりという点で、最も重要なのが退職金です。というのも退職金は、所得税法上は退職所得として、極めて優遇された課税のしくみになっているからです。

まず、退職金控除という、給与所得控除より手厚い控除があり、また、その控除後の所得の半分だけが課税されます。さらに、給与所得とは別個に課税されます。

例えば、給与所得で年間２０００万円の役員報酬を得ている社長が、さらに２０００万円役員報酬を増額する場合、所得税等の金額を計算すると次のようになります。

２０００万円×50％＝１０００万円

課税所得が１８００万円を超えると、最高税率の40％（プラス住民税10％）が課税されるので、税額は総額で１０００万円となり、半分は税金で消えてしまいます。

一方で、勤続25年で、２０００万円の退職金をもらうとし、その退職金にかかる所得税がいくらになるか計算をすると、次のようになります。

まず、２０００万円から退職所得控除の金額を差し引きます。退職所得控除の額は、勤続年数20年超の場合、８００万円＋70万円×（勤続年数－20年）で、このケースでは１１５０万円になります。

そして、退職所得控除後の所得額の半分が課税対象になります。退職金の2000万円から退職所得控除1150万円を控除して半分にすると、425万円が課税対象額になります。

給与とは合算せずに、個別に課税（分離課税）されるので、この425万円に対応する税率は、30％（うち住民税10％）、控除額は42万7500円となり、税額は、84万7500円となります（78ページ参照）。

（2000万円－1150万円）×1／2×30％－42万7500円＝84万7500円

給与で支給される場合と比較して、なんと900万円以上の節税になりました。もともと2000万円という収入から出た税額の差ですから、ものすごい差ではないでしょうか。

結果として、毎年受け取る役員報酬を減らして、退職金という形で受け取ると、手取額にかなりの差が出ることがご理解いただけたかと思います。

なお、平成24年度税制改正により、役員等としての勤続年数が5年以下の者は、退職所得の課税に当たって、退職所得控除額の控除後の残額の2分の1を課税対象にすることができなくなりました。

◆一番お金がたまる報酬の決め方とは

ここまで説明した内容を踏まえて、理想の報酬額を決める手順を紹介しましょう。

①社長の家族構成を踏まえて、今後、毎年必要になる金額を算定します。子どもが増えるなど、家族構成に変更がある際には、必ず、算定し直すようにしてください。

②①の報酬額の所得税額を計算します。また、①の金額より高い報酬額で、税率の変わり目における税額を、それぞれ計算して把握します。

③翌期の予想の役員報酬控除前の利益を把握してください。

④役員報酬控除前利益の金額から①で算定した報酬を控除した金額を算定します。また②の税率の変わり目における報酬を控除した場合の利益の額をそれぞれ計算します。

⑤④の金額と、法人税等の実効税率表から、それぞれの法人税額を計算します。

⑥②と⑤の対応する金額のうち、一番小さい金額の近くが当期の報酬の最適額です。

このとき、①で算定した社長の報酬の最低必要額と最も納税額が低くなる報酬額との差額は、退職金用の積立に回すことが可能な額といえます。なお、退職金については、税引後利益を内部留保するよりも、後述する生命保険等を活用して、社外に留保する方が税務上有利なので、そちらも併せて検討してください。

最適な役員報酬シミュレーション

		項目	最低必要額	パターン2	パターン3	パターン4	パターン5
所得税	a	役員報酬額(※1)	10,000,000	10,700,000	12,900,000	15,000,000	20,000,000
	b	給与所得控除	2,200,000	2,235,000	2,345,000	2,450,000	2,450,000
	c	社会保険料控除(※2)	1,219,020	1,254,096	1,401,384	1,485,552	1,485,552
	d	その他控除(※3)	430,000	430,000	430,000	430,000	430,000
	e	課税所得額	6,150,000	6,780,000	8,723,000	10,634,000	15,634,000
	f	所得税等の額	1,443,300	1,634,900	2,280,200	3,086,900	5,271,600
法人税	g	役員報酬控除前利益	50,000,000	50,000,000	50,000,000	50,000,000	50,000,000
	h	税引前利益	40,000,000	39,300,000	37,100,000	35,000,000	30,000,000
	i	法人税等の額	14,604,400	14,327,300	13,458,300	12,628,700	10,653,600
j		所得税+法人税等	16,047,700	15,962,200	15,738,500	15,715,600	15,925,200
			—	減少	減少	減少	増加

3と4の間が最適な報酬!

※1 役員報酬額の各数値は、課税所得額を税率表に照らして税率が変更されるところを参照して決定する

※2 役員報酬額÷12で料額表と照合して計算(手当の有無、額については捨象)。政府管掌の健康保険・厚生年金を前提として算定

※3 扶養なし、生命保険料控除5万円と仮定

※4 軽減税率や超過税率の適用の有無といった諸条件により実際の税額と異なる場合がある

2 売上の計上を使った節税法

◆売上の計上基準は選ぶことができる

モノやサービスを売ることによって得られる収益である売上は、原則として、その額が大きければ大きいほど、納税額も膨らみます。そこで、売上の計上額をできるだけ少なくすることは、法人税の有効な節税法です。

売上の計上額を抑えるには、その計上時期が大きなポイントです。

では、売上の計上時期とは、具体的にいつのことでしょうか。つい「お金をもらったとき」と考えがちですが、基本的に、税務署は入金時に売上計上することを認めていません。この、いつの時点で売上を認識するかということを、「売上の計上基準」といいます。そして、この売上の計上基準は、一つではありません。その引渡しとして合理的であり、自分の会社に合った基準を採用できるのです。主な基準は次ページのとおりです。

節税できる「売上の計上基準」を採用しよう

①出荷基準
→会社が商品を出荷した日に売上を計上（商品売買の業種に多い）

②検収基準
→相手側が商品を検収した日に売上を計上（製造業等の業種に多い）

③使用収益開始基準
→相手側が商品等を使用できることになった日に売上を計上

④検針日基準
→相手側において検針等により販売数量を確認した日に売上を計上

⑤工事進行基準
→工事の進み具合に応じて売上を計上（建設業でよく採用）

◆計上基準を選択して売上計上を遅らせることができる

この計上時期のズレに、節税のヒントがあります。例えば、上図①の基準を採用すれば当期の売上になり、③の基準を採用すれば翌期の売上となるようなケースの場合には、③を採用することによって、売上を翌期に繰り延べることができます。

また、商品が得意先の検収を受ける業種で、返品がある程度発生するのであれば、②の検収基準への変更を検討してみましょう。出荷基準の場合、決算前に商品を販売して、決算後に返品を受けたとしたら、一度売上を計上しなければなりません。お金を受け取っていないのに、税金を支払う必要が生じてしまいます（翌期の税金は減額になります）。検収基準を選べば、得意先の検収確認の受領に時間がかかるため、出荷基準を採用するよりも、売上の計上を遅らせることができます。また、機械等の試運転などを必要とする場合には、試運転後に収益として認識することもできます。

ぜひ、一度、自社の売上の基準を見直してみることをお勧めします。

なお、税法上、収益の計上基準は、原則として一度採用した基準を継続適用しなければなりません。変更するには、租税回避でないことを説明できる理由が必要となりますので注意が必要です。

3 従業員の人件費を使った節税法

◆従業員の給与・賞与の節税ポイントは

人件費を使った節税法の代表は、すでに述べたように役員報酬や役員退職金です（14ページ参照）。役員（従業員）として働いている家族に給与を支給することで、所得の分散をすることが可能になるからです。

ここでは、雇用契約に基づく従業員の労働の対価として支払う、給与と賞与について、どのような節税法があるか考えてみましょう。

決算についていえば、会社の締め日が月末でなければ、締め日以降の給与や、社会保険の会社負担分は、未払計上とすることができます。例えば、20日締めの会社なら、21日から末日までの給与や、社会保険を期内の経費とすることができます。

また、会社に利益が出た場合の特別賞与である、決算賞与を出す予定があれば、期末日までに従業員に支払額を知らせて、期末日の翌日から1カ月以内に賞与を支給することで、やはり、未払計上できます。役員兼従業員の方がいる場合には、従業員分としての金額は経費に計上できます（46ページ参照）。

他にも、従業員から役員に昇格する人がいるときには、従業員としての退職金を支払い、これを経費として計上することもできます。

◆雇用契約から請負契約に切り替える節税法もある

また、従業員の納得を得られるのであれば、雇用契約から請負契約に切り替えることで、大きな節税効果が期待できます。

ポイントは消費税の取扱いが大きく変わることにあります。給与は、消費税の仕入税額控除の対象にはなりませんが、外注費については、相手が消費税の免税事業者であろうとなかろうと、仕入税額控除の対象となります。ただし、注意点等も少なくないため、税理士等と相談しながら進めるといいでしょう。

4 福利厚生費を使った節税法

◆お金を使う節税法は資金繰りに注意

会社の節税法は、大きく分けると次の四つに分類できます。

①お金が出ていく節税の方法
②お金が出ていかない節税の方法
③税金の額が減少する節税の方法
④税金の支払いを繰り延べる節税の方法

実際には、これらの組み合わせで節税策を考えることになります。

②のお金が出ていかずに、③の税金の絶対額が減る方法であれば、どの会社も無条件で採用すべき節税方法でしょう。福利厚生費の節税法は、①と③にあたるものです。

会社の資金繰りに注意して進めてください。

◆社員旅行を福利厚生費として認める

会社に利益が出ている場合、福利厚生費を使って社員旅行に行くという節税法がありま す。ただし、社員旅行が福利厚生費とみなされるには、次の条件を満たす必要があります。

①全社員の半数が参加

②四泊五日以内（海外の場合は滞在日数）

③一人当たりの旅行費用が10万円以内（会社負担額）

また、参加をしなかった従業員に、費用相当分を現金で渡すと、不参加者だけではなく、従業員全員について賞与または給与とされるため、注意が必要です。

社員旅行は、従業員のモチベーションアップにも効果があります。旅行の目的・規模・行程など、福利厚生の範囲で収まるよう注意しましょう。

◆交通費を経費計上する

通勤手段も意外な節税ポイントです。

経営者が公共交通機関ではなく、自転車や自動車で通勤していたとしても、経費計上することが認められています。

そのため自転車通勤しているから交通費は発生しないと考えるのではなく、通勤専用の自転車を購入するなどして、その分を経費に認めてもらいましょう。

◆出張手当を支給して経費計上

中小企業の場合、商談や打ち合わせで相手先を訪問することがほとんどでしょう。そのとき、電車やタクシーなどの交通費、先方との会食代の他に日当を支給できます。

小さな会社なら５０００円～2万円までの金額が妥当です。たとえ日当が小額だと感じても回数が増えれば大きな額となります。1回1万円の手当で月に10回出張に行けば、10万円が経費として認められ、節税できます。

ただし、支給に当たっては出張旅費規定を作成しておく必要があります。社員が出張したときにも支給しなければなりませんし、一般常識外の金額は認められません。

その他にも福利厚生費を充実させる手段はあります。

永年勤続者に対する記念品の贈呈や招待旅行などの表彰、慶弔見舞金の支給も立派な節税方法といえます。その際には、社内規定をきちんと作成し、それに基づいて実施することが大切です。

5

交際費を使った節税法

◆「交際費」は全額を経費にできない

「交際費」の取扱いも節税のポイントです。

交際費とは、仕入先を飲食で接待する、得意先に贈答品を贈るなど、事業に関係のある人を対象に、接待、供応、慰安、贈答やそれに類するために支出する費用をいいます。対象者は会社の場合、社外の人だけではなく、社長をはじめとする役員、社員、株主など、事業に関係がある人です。

このように述べると、何でも経費として落とせそうですが、法人税法上、経費にできる交際費の金額には制限があります。

次ページのように、資本金の額に応じて、支出した金額の一部、または全額が税務上経費にできません。

交際費の損金算入限度額

資本金	支出額	損金となる金額
1億円以下の中小法人（※1）	年間支出額800万円以下	全額損金算入
	年間支出額800万円超	全額損金不算入
1億円超の法人	―	一定の飲食交際費のために支出する費用の50%は損金算入

（※1）資本金1億円以下の中小法人は、「800万円までの交際費の全額損金算入」か「飲食接待費の50%損金算入」が選べる

●例①
資本金 1,000 万円の中小法人が
交際費を 500 万円支出したとき

500 万円 × 100% = 500 万円 ―― 損金算入

●例②
資本金 1,000 万円の中小法人が
交際費を 900 万円支出したとき

900 万円－800 万円＝100 万円 ―― 損金不算入

◆「会議費」は一人5000円まで全額経費計上できる

例えば、打ち合わせ費用は、一人5000円程度までは「会議費」として全額経費にできます。外部の人との打ち合わせも同様に5000円までは会議費として明示されています。ただし、日付、相手先の会社、氏名、人数、金額を記した書類を作成し、管理する必要があります。きちんと保存しておきましょう。

◆交際費枠をなくして給与支給で経費扱いに

なお、5000円を超える場合は、すべて交際費扱いになります。

会議費と交際費の区分は、法令などで具体的な基準がありません。

交際費をある程度使う業種であれば、営業マン等に対する交際費枠を廃止して（交際費の精算はしない）、その相当額を給与に加算して支給する方法を検討してみてはいかがでしょう。これによって交際費の損金にできない部分についても、経費にすることができます。

6 営業経費を使った節税法

◆債務が確定していれば支払前でも経費にできる

人件費同様に、営業経費についても、期末までに支払いが済んでいなくても、債務が確定していれば、未払計上にすることができます。

債務が確定しているとは、次の三つの条件を満たしていることをいいます。

①その費用について法律上支払う契約があり、期末までに支払義務が確定していること

②期末までにその債務の具体的な給付原因となる事実が発生していること

③期末までに合理的に金額の見積りができること

未払費用に計上できるものを、もれなく拾い出しましょう。また、当期に発生した費用を当期中に計上すれば、期間損益が適正になりますから、今期いくら儲かったのかが、よりわかりやすくなります。

また、もし契約に基づいて継続的に支払っている経費（地代家賃、リース料、保険料等）があれば、翌期に対応する前払費用を今期中に支払うことで、今期の費用として計上できます。ただし、契約を交わしていることと、来期以降も継続適用することが前提です。

◆広告宣伝費は不特定多数を対象にしていることがポイント

広告宣伝費は、商品及び会社を不特定多数の人に知らしめ、宣伝効果を期待する費用です。特定の人、例えば、特定できる大口消費者に対するものは、広告宣伝費にはなりません。不特定多数というのは、一般消費者を指します。一般消費者を対象とした販促活動であれば、広告宣伝費として損金にできます。

また、宣伝のためのイベントを行った場合、かかった費用のすべてが広告宣伝費となるわけではありません。イベントのために購入した資産の購入価額が10万円以上で、1年以上使用できるものは、広告宣伝費ではなく、資産として計上します。ただし、そのイベントが終わると同時に壊してしまうものであれば、30万円でも広告宣伝費になります。

広告宣伝費は、販売促進に欠かせない費用ですが、このように交際費に関係する問題や資産計上の問題があります。上手に使って節税に結びつけましょう。

7 固定資産、棚卸資産を使った節税法

◆30万円未満の減価償却資産は年度中に全額損金にできる

固定資産と棚卸資産は、いずれも会社にとって非常に重要な資産です。

固定資産は長期的に使用されることにより間接的に売上に貢献する資産で、減価償却費として損金計上されるものです。一方、棚卸資産は販売により直接売上に貢献する資産で、売上原価として損金になります。それぞれの資産に関する節税法を見ていきましょう。

まず、減価償却資産を取得すると、資産として貸借対照表に計上し、期末に減価償却によって法定耐用年数にわたって損金に計上されます。

しかし、中小企業が、30万円未満の減価償却資産を取得した場合には、その取得価額の全額を、１事業年度当たり総額３００万円まで、損金とすることができます。適用を受ける条件は青色申告法人であること、また時限立法で適用期限があるため注意が必要です。

少額、一括減価償却資産の償却方法

10万円未満（選択）	減価償却により耐用年数にわたって損金となる
	全額支払った事業年度の損金にできる
20万円未満	一括償却資産として毎年1／3ずつ損金にできる

平成28年3月31日までの青色申告の特典として

30万円未満	全額支払った事業年度の損金にできる （1事業年度につき300万円まで）

少額の減価償却資産は原則、上表のような経費処理を行います。

◆特別償却は期末直前にも使える節税策

特別償却とは、通常の減価償却の限度額とは別に、特別に償却が認められている政策減税です。この制度を適用した場合、その事業年度における減価償却費は、通常の減価償却額に特別償却額を合計した金額になります。

特別償却額は一般的にその資産の取得価額の30％相当額になります。その分だけ初年度に多額の費用を計上することができるため有効な節税方法です。さらに特別償却の金額は、月数按分の必要もないため、期末になってあわてて購入しても、30％の特別償却ができます。したがって、該当する資産を取得した場合には必ず実施しましょう。

ただし、この制度は租税特別措置法により特別に認められたもので、その資産は種類ごとに要件が定められています。よって資産の購入前に、必ず専門家に相談しましょう。

また、この制度は特別償却に代えて、税額控除を選択適用することもできます。税額控除を選択した場合には、取得価額の7％、またはその年の法人税額の20％のいずれか少ない方の金額を、法人税額から差し引くことができます。

特別償却と税額控除は、どちらか一方しか選択できません。どちらを選択するかはその事業年度の会社の利益金額や法人税額、さらには翌期以降の業績予測などを考慮したうえで、総合的に判断してください。

◆固定資産を廃棄しなくても損金計上できる方法がある

固定資産が使用できなくなり、廃棄処分したときには、その資産の価額を除却損として費用に計上する会計処理がなされます。これに対して、たとえその資産を廃棄等していない場合でも、損金に計上できる場合があります。これを有姿除却といいます。

有姿除却で経費に計上できる金額は、帳簿価額－処分可能見込額となります。
有姿除却が認められるのは次のような資産です。

①その使用を廃止し、今後は事業に使用する可能性がないと認められる資産

②特定の製品の生産のために専用とされていた金型などで、製品の生産を中止したことにより、将来使用される可能性がほとんどないことがその後の状況から見て明らかな資産

有姿除却は、会社から資金が流出することもなく、さらには決算日後であっても損金として計上できるので、決算期末に会社が保有する資産の中に有姿除却ができるものがないか、ぜひ、調査、検討してみてください。

◆棚卸資産は最終仕入単価を引き下げて節税する

棚卸資産は、販売によって直接利益に貢献する資産であるため、節税対策という意味では特別効果的なものはなく、また、本来節税対策として使用すべき資産ではありません。しいて挙げれば、期末の評価に関する部分が節税のポイントです。

一つは、評価損を計上すること。期末に存在する棚卸資産のなかに次のようなものがある場合には、評価損の計上が認められます。

①災害で著しく損傷したもの

②著しく陳腐化したもの

③破損、型崩れ、棚ざらし、品質変化などにより、通常の方法によって販売することができないようになったもの

したがって、棚卸資産の時価が、単に物価変動などにより低下しただけでは評価損の計上は認められないので注意が必要です。

もう一つは、最終仕入単価を引き下げる方法があります。

棚卸資産の評価方法には、個別法などがあり、事業者が選択できますが、所轄税務署長に評価方法の届出をしていない場合には、最終仕入原価法によって評価することになります。したがって、多くの企業ではこの評価方法が採用されています。

最終仕入原価法は、その事業年度の最後に仕入れた商品の仕入単価によって、期末のすべての商品を評価する方法です。売上原価は、期首商品の価額と当期商品仕入高の合計から、期末商品の価額を差し引いて求めます。そのため、期末商品の価額を小さくすれば、その分、売上原価という経費を大きくすることができるのです。

8 決算時にできる節税法

◆未払金・未払費用を計上する

会社の節税対策の基本は、やはり決算時の対策です。会社の業績がほぼ確定する時期なので、税金の支払額もおおよそわかるからです。決算期末から申告期にかけてできる節税対策のうち主要なものを見ていきましょう。

仕入や外注費などの未払金（買掛金）は、金額も大きいので、どの会社も、当然計上しているでしょう。では、それ以外の金額のあまり大きくないものはどうでしょうか。期末において未払いのものがあれば、もれなく計上しましょう。「ちりも積もれば……」です。

次に、未払費用を計上しましょう。会計上「未払金」と「未払費用」は区別されていますが、税務上は特に区別をしておらず、損金として認められるためには「債務が確定していること」が重要となります。

債務が確定しているか否かは、次の三つの要件に照らして判断します。

①債務の確定＝期末までに支払義務が確定していること
②原因事実の発生＝実際に期末までに発生している費用であること
③金額の合理性＝金額を合理的に算定できること

この三つの要件を満たしていれば、損金として計上することができます。

例えば、従業員の給与、運賃、広告宣伝費などの諸費用で未払いのものがこれに当たります。また、社会保険料のうち会社負担分を計上することも可能です。多くの会社では、社会保険料は支払ったときに費用として計上する処理がされていると思いますが、決算期末では翌期支払分のうちの会社負担分を未払費用として計上しましょう（27ページ参照）。

◆前払費用も計上しよう

逆に、前払費用も、要件さえ満たせば損金に計上することができます。

会社の費用の計上時期は、「その発生した期間に計上することが原則」です。これを発生主義といいます。したがって、本来、前払費用を計上することはできません。しかし、次の要件を満たす短期の前払費用については、支払時にその全額を損金計上できます。

①一定の契約に基づき、継続して役務の提供を受けるために支出した費用であること
②費用を支払った日から1年以内に提供を受ける役務であること
③毎期継続して「支払ったときに損金処理」すること

具体的には、保険料、リース料、地代家賃、各種会費などがこれに該当します。

◆逓増定期保険に加入して年払いで契約する

逓増定期保険は、生命保険です。被保険者が死亡等した場合には、保険金を受け取ることができます。さらに、その支払保険料の半分を損金に計上することができるので、決算期末近くになって逓増定期保険に加入することで節税になります。

特に前述の、短期の前払費用の規定と合わせて運用することで大きな節税効果を生むことができます。

つまり、保険料の支払いはその多くが月払いの契約ですが、これを年払いで契約するのです。これにより、短期の前払保険料に該当すれば、翌期1年分の保険料を損金に計上することができます。ただし、この保険は解約した場合には、「解約返戻金から資産計上額（支払った保険料のうち損金にならなかった金額）」を除いた金額が利益となります。

損金計上が認められる貸倒れ

①法律上の貸倒れ
会社更生法・民事再生法等の適用により、債権が消滅し回収不能になった場合

②事実上の貸倒れ
債務者の資産状況や支払能力などからみて、債権の全額が回収不能と認められる場合

③形式上の貸倒れ
売掛債権について、取引停止から1年以上経過するなど一定の事実が生じた場合

したがって導入に当たっては「会社に損失が生じた期に、保険を解約して損失を補てんする」「保険解約時期と退職金支給時期を合わせる」等の出口戦略を練ったうえで、長期的な視点から検討する必要があるでしょう。

◆不良債権の貸倒処理を行おう

景気がよくないときには、回収されずに残っている売上債権等があると思います。期末の売掛金や貸付金の中に、回収不可能なものがあるかチェックしてみましょう。

税務上、そのすべてが貸倒損失として損金に計上できるわけではありませんが、なかには損金に計上できるものが含まれている

可能性があります。

貸倒損失として損金計上が認められるケースは前ページのとおりです。

では、これらの条件を満たしていないものを貸倒処理するにはどうすればよいでしょうか。例えば、会社が倒産したわけではないけれど、いくら催促してもなかなか入金してもらえないような売掛金等で、現実的に回収が不可能と見込まれるケースです。

この場合には、内容証明郵便を送付するなどして、その債権を放棄してしまえば、貸倒損失として損金に計上することが可能です。どうせ回収できない債権であれば、思い切って債権を放棄することによって、「税金の減額分で債権の一部を回収した」と発想の転換をすることも、ときには必要かもしれません。

◆決算賞与は決算前に額を通知すること

決算賞与は、期末において未払いであっても、要件さえ満たせば損金になるため、非常に有効な節税策です。期末に利益が出ていても、資金繰り等の関係で決算日までに賞与の支給ができないようなケースもあると思います。このような場合に、次ページの三つの要件さえ満たせば、損金計上が認められます。

損金計上が認められる決算賞与の条件

①全員に通知

すべての使用人に対し、賞与の支給額を各人別に、通知していること

②1カ月以内に支給

その通知した金額を翌期首から1カ月以内に支給していること

③損金経理

金額を通知した事業年度において損金計上していること

ここで特に注意すべき点は、必ず各自に通知した金額を支給することです。通知した金額と、支給した金額が相違していた場合には、その差額だけではなく、未払賞与全額が損金として認められなくなります。また、決算賞与は、節税対策とともに従業員の勤労意欲の向上という効果もあるため、そのあたりも考慮に入れて実施しましょう。

他の決算前の節税項目には次のようなものもあります。「貸倒引当金の計上」「有価証券の評価損の計上」「固定資産の評価損の計上」「消耗品の購入」「固定資産の修繕」。ぜひ検討してみましょう。

9

お金の支払いをせずにできる節税法

◆自宅から持出しの備品を会社で買い取ってもらう

資金繰りが厳しいときは、現金支出を伴わない節税テクニックを利用しましょう。主なものを紹介します。

設立して間もない会社であれば、社長が自宅で使っていないパソコン、棚やキャビネット、冷蔵庫、電子レンジ、机や椅子、絵画等の備品を、自宅から持参し、使用していることがよくあります。

これらは、社長の持出しがなければ、本来は会社が現金を支払い、買わなければならないものです。設立後何年か経っている会社でも、そのような持出しの備品があれば、会社が社長からの借入金で、消耗品を買い取ったという経理処理をして、経費を計上することができます。

会社側の買い取り価格は、次のように算出した金額以下ならば問題ないでしょう。

例えば、15万円で２年前に購入したパソコンを会社が買い取る場合、パソコン等を個人で事業用として使用するときは、通常、耐用年数４年として減価償却費（減価部分）の計算をするので、

15万円÷４年×２年＝７万５０００円（減価部分）――①
15万円（購入価格）－①（減価部分）＝７万５０００円――②

購入価格の15万円から、①の減価部分を差し引いた７万５０００円以下であれば、消耗品として計上できます。

ただし、１セット10万円以上（中小企業者が平成28年３月31日までに購入したものについては30万円以上）の備品については、購入した期に、全額経費に計上できないので注意が必要です（37ページ参照）。

なお、備品を売却した社長側は、生活に必要な動産の譲渡になりますので、譲渡所得課税はされません（ただし、１個または１セット30万円を超える書画や骨とうの売却は課税対象となります）。

◆自宅の電気代を水道光熱費として計上する

中小企業や同族会社では、自宅のパソコンで会社の資料を作成したり、会計ソフトを使用することも多いと思います。

そのような場合は、自宅の電気代の一部を会社の水道光熱費として計上することができます。使用時間が1日に2～3時間くらいであれば、自宅の電気代の10～20％は経費として計上できます。

ひと月に平均2万円程度、自宅の電気代を支払っており、20％の電気代を計上する場合の節税額は次のとおりです。

2万円×20％×12カ月＝4万８０００円

この場合、電気代の領収書、または個人名義の銀行口座から口座引落なら通帳を5年分保存しておきましょう。また、領収書か通帳、または帳簿に「×20％」というように計算根拠となるメモ書きもしておくとよいでしょう。

◆使用していない固定資産の除却損を計上する

何年も会社を経営していると、事業のために使用していないという理由で、数万円の帳簿価額を残して減価償却せずに放置されている固定資産や、5年、10年の耐用年数で減価償却しているものの、まったく使っていない固定資産が一つや二つはあるのではないでしょうか。このような資産は、売っても二束三文にしかならないため、たいてい何も処理していないことが多いようです。

そのような固定資産があれば、利益が出た期に、思い切って廃棄処分してしまいましょう。廃棄手数料が若干かかるかもしれませんが、帳簿価額を全額除却損として損失計上できます。例えば、耐用年数10年の機械を、3年前に30万円で購入したものの、型式が古くなってしまった等の理由で使用しなくなった場合、帳簿価額が12万円以上残っていることになるため、その価額分の節税ができることになります。

◆回収不可能な売掛金は、貸倒損失を計上しよう

少額にもかかわらず、長い期間回収できない売掛金が資産計上されたままの会社も多いと思います。売掛先が倒産したり、明らかに回収ができない明確な理由がある場合は、期末に貸倒損失を計上することができますが、何度か督促しても連絡がとれなかったり、連絡がついてもなかなか支払いをしてくれないときなどは、継続して取引していた取引先で、

１年以上入金がない場合、備忘価額を１円だけ残せば、売掛金のほぼ全額を貸倒損失として損失計上することができます。

この場合、念のために、貸倒損失を計上する相手先に、内容証明を送るなどして、しっかり証拠書類をそろえておけば、より安心でしょう（45ページ参照）。

以上のように、一つひとつの節税額は少額でも、ここに記載した方法のうちいくつかを使えば、会社に現金を残したまま、確実に節税することができます。

例えば、利益が８００万円以下の会社であれば、法人税・法人県民税・事業税・法人市民税を合わせて、だいたい税率が25％くらいです。合計50万円の経費や損失を計上すれば、12万５０００円も納税額を減額できるのです。

10 消費税を使った節税法

◆消費税の損得は「2年間」で判断する

消費税はとても節税がしづらい税金です。

というのも、消費税は納税者に有利な制度を任意に選択できるよう便宜が図られています。その一方で制度の乱用を防ぐ、あるいは申告・納税手続きを簡便化するという見地から、一度選択した特例は原則として、2年間、継続して適用することが義務づけられています。

そのため消費税の節税については、適用する特例を2年間継続してみて損か得かを計画的に判断する必要があります。

2年間の継続適用が必要な消費税の特例と、その届出書は次の通りです。

①消費税課税事業者選択届出書

②消費税課税期間特例選択・変更届出書
③消費税簡易課税制度選択届出書
④一括比例配分方式

◆消費税の還付が見込めるかを見極める

例えば、免税事業者がまとまった設備投資をする予定があるとします。このとき、消費税の還付を受ける目的で①の「消費税課税事業者選択届出書」を提出した場合、最初の期の消費税については計画通り還付を受けられたとしても、来期も課税事業者になるため、多額の仕入税額がない限りは納税をしなければなりません。

つまり、最初の期における還付金額が来期の納付金額を上回らなければ、特例を選択することは逆効果。消費税の節税にはなりません。

明らかに得であることが見込まれる場合を除いては、事業計画を慎重に調べ直し、適用される両期の還付金額と納付金額の総額で損得を判断することが大切です。

◆多額の設備投資をする場合、簡易課税より一般課税の方が得

自己所有の建物や多額の設備を購入する場合などは、一般課税の方が有利です。

一般課税では、支払った消費税が多いほど納付税額は少なくなります。なお、預かった消費税よりも支払った消費税の方が多い場合には、その差額が還付されます。

これに対し、簡易課税では、課税売上にかかる消費税に定められたみなし仕入率をかけて支払った消費税を概算計算します。そのため、実際に支払った消費税は納付する消費税額の計算には反映されません。いくら消費税を支払おうが変わらないのです。

このような場合には、一般課税を選択した方が有利な場合が多いので注意が必要です。

11

税務調査を踏まえた節税法

◆税務署と戦ってくれる税理士を探す

日頃から節税に取り組んでいたとしても、税務調査で多額の追徴課税を払うことになってしまっては意味がありません。

効果的な節税を考えるためにも、経営者は〝いい税理士〟を探しておく必要があります。

いい税理士とは、税務調査時に税務署員のイエスマンにならず、経営者側に立って、税務署と戦ってくれる税理士です。

いざ、税務署が税務調査に入ったときに、弱腰でまったく頼りにならない税理士は少なくありません。国家権力を怖れず、経営者の味方になってくれる税理士が節税には欠かせないのです。

◆税務調査は事前準備で乗りきる

税務調査が入る場合、無用な追徴課税を避けるためにも、税理士との事前準備を入念に行っておきましょう。

税務調査の日程は後日顧問税理士と相談して決める、使途不明な領収書の有無を把握しておく、税務署員からの不用意な質問には即答しない……。

このような打ち合わせをしておけば、税務署員から不備を指摘されることは少なくなるはずです。当日の対応についてもしっかりとリハーサルがなされているため、「必要なこと以外は、一切お話にならないでください。最初の1時間だけお付き合いくだされば、その後の質問には、私がすべて対応いたします」と税理士が責任をもってサポートする姿勢を明らかにしてくれます。

◆業界に精通している税理士は税務調査時に有利

税理士の得手不得手が、節税に大きく影響することもあります。

特定の業界に精通している税理士は、具体的な数値や専門知識をもとに、税務調査対策のアドバイスや経費節減のコツを教えてくれるからです。

税務署は調査先を決めるとき、ある勘定項目が支出全体に対してどれぐらいの割合を占めているかを見て、突出していないかどうかをチェックしています。

例えば、建設業の場合、売上に占める材料費の割合が16％程度のなか、ある企業だけ25％超だと税務署はどう思うでしょうか。本来材料費ではない経費を参入することで、利益を減らし、脱税しているのではないかと疑うのです。

そこで建設業に強い税理士なら、

「御社は材料費が今期25％となっています。平均は16％ですから、他社より9％ほど高いようです。ここまで突出していると、経営を圧迫するだけでなく、税務署にあらぬ疑いをかけられるので、来期は数字を抑えるよう一緒に努力してみませんか」

と将来の不安の種を指摘してくれます。

このようなサポートがあれば、税務調査の可能性がぐっと低くなり、無用な追徴課税を防ぐことができるのです。

第2章

これも大切！

社長個人の節税法

1

不動産を活用した節税法

◆いつでも資金化できる不動産を準備し納税に備える

相続税が増税の方向に向かいつつある現在、経営者にとっては納税資金の確保が重要な課題の一つになっています。増税になった場合、以前行った相続税シミュレーションでは納税資金がショートする可能性が出てくるため、今が相続対策を見直すタイミングかもしれません。

これまでは資金確保のために、やむを得ず不動産売却をするという選択ができましたが、税制改正で小規模宅地等の要件が変わり、不動産を簡単に売却することができなくなったため不動産の見直しもしなければなりません。

これからは「長期保有でインカムゲインを目的とした投資」と、「短期間の保有でキャピタルゲインを目的とする投資」、それに加えて「いつでも資金化できる不動産として所有する」という三つの考え方で不動産活用をすることが重要になってくるのです。

◆所有不動産を見直してみよう

相続税の増税に対応するためには、不動産の現状を把握しておかなければ、対策を立てることができません。そこで、まずしなければいけないことは、現在所有している不動産の個別キャッシュフローを把握し、それを高める努力をして増税後の納税資金を確保できるようにしておくことです。

個々の不動産が、キャッシュを年間どれくらい生み出しているのかチェックし、納税資金が確保できるか確認します。そのうえで納税資金がショートしてしまうようであれば、納税のために売却してもよい不動産を選定し、いつでも売りに出せるよう権利関係などに不備がないよう整理しておくことが重要です。瑕疵《かし》を取り除くのはもちろんのこと、隣地との境界を確定させたり、賃貸物件であれば賃貸借契約書の不備をなくしたり、修繕を施したり、空室を減らしておかなければなりません。

このように不動産を適切に診断した対策が必要です。

◆利益を生めない不動産はもたないこと

一方で、増税を見据えて、不動産の活用も重要です。

かつて不動産は、積極的に活用しなくても所有していれば確実な資産でした。

現在、地価の下落は土地の財産価値を目減りさせるだけではなく、土地を所有すること自体が財産維持のリスクをはらんでいます。地価が上がらない時代に何の対応策もとらなければ、土地所有者は苦しい立場に追い込まれていくでしょう。

新しい時代に対応した不動産活用の知恵とは、「リスクが少ない土地活用」です。資産形成の発想を、資産の絶対価値を増やす「値上がり」に求めるのではなく、資産活用という観点から「投資利回り」に切り替えることで、新しい展望が開けてくると思います。

まず、不動産を評価するポイントを「値上がり期待」から「収益確保」に置き、所有する不動産を客観的に評価して「必要のない土地」や「収益が上がらない土地」をチェックします。収益性が低い土地は賃貸物件を建てたり、収益性がいい土地に買い換えるなどの対策によって、〝生きた不動産〟に生まれ変わらせることを考えます。

そこで、所有している不動産を〝生きた不動産〟にするためのポイントを見ていくことにしましょう。

◆10％の収入確保をめざそう

課税総資産に対し、10％の収入確保を目標としましょう。

年間収入総額÷課税総資産（評価減を控除後）＝10％

基本的には次のように考えます。

①土地の格付けと色分けを行う

・残す土地

・利用する土地

・納税に備える土地

・処分する土地

②利用する土地の活用を徹底検証し、高収入を図る

③処分すると決めた土地は価格下落が進行する前に売却を進める

④好立地の不動産を購入する

⑤高収益不動産への買い換えを行う

◆手元資金が増えると相続対策の選択肢も増える

このようにして不動産活用を行い、収入を増やすことには、二つの目的があります。一つは、増える保有コストを補い生活資金を確保すること。さらに手元資金を増やすことが相続対策にもなります。

手元資金が増えると、

①物納することに決めた納税予定地を手放さずに済む

②物納後に残った相続税は短期間の延納で納めることができる

③現金があれば、相続人が納得する財産分割がスムーズにできる

④相続対策の選択肢が増える

このような相続対策が可能になるのです。

◆現状の所有不動産を活用して収入を増やす

まず考えることは、現状の所有不動産を活用して収入を増やすことです。

それには、所有している土地が有効活用できるかどうかを検討する必要がありますが、大事なことは、投資に見合った収益が確実に確保できるかどうかです。

どの事業計画でも、立地調査（マーケティング）が不可欠です。

立地調査では人の流れや交通量、同業者の配置、駅からの距離、近隣の公共施設・学校、さらに周辺の賃料と同業物件の稼働率などが大事なポイントになります。

不動産活用計画を進めるときは、これらの情報を積極的に集め、稼働率を周辺よりあえて低めに設定するなど、慎重に収支予想を立てる必要があります。

土地活用の収益性は「投資利回り」によるチェックが不可欠です。

例えば、賃貸用のアパートを建設した場合、活用する土地２００坪の価値（課税評価額）が坪50万円で、建物の建設コストが1億円とすれば、合計投資額は2億円になります。予想される年間収入金額を2億円で割ったものが「表面利回り」になりますが、事業の管理運営には必ず経費がかかります。収入から固定資産税や火災保険料、管理費、借入金返済などを差し引いた収支計算後の「ネット利回り」が大切な指標になります。

利回りをチェックするときは、マイナス面は大きく見積もり、プラス面は少なく考えるのがリスクを少なくする鉄則です。

さらにここで忘れてならないことは、建設後、いくらで売却できるかどうかも想定しておくことです。相続や他の事業の失敗で、資産を売却することになるかもしれません。そのときのことまで考慮して資産活用を考えるのが賢いやり方です。

◆有効活用できない不動産は買い換えを検討しよう

有効活用が難しい不動産は、

①駅から遠い（徒歩10分以上）

②土地に面する道路が狭い（4ｍ以下）

③地形が悪い（いびつな形）

などの欠点が重なり、使い勝手が悪い土地であるケースが多くなっています。

活用が難しい土地で無理して事業を続けても、先が見えていますし、失敗する可能性が高いのが現実でしょう。そのようなときは、駅に近い、道路が広い、地形がいいといった条件を満たし、有効活用できる土地と買い換える方法を検討しましょう。

2 株式配当を使った節税法

◆確定申告をせずに納税する方法

上場株式等の配当金に対する税金の手続きは、三つの選択肢のなかから選ぶことができます。一つが確定申告をしない方法です。

上場株式等の配当・公募株式投資信託の収益分配金については、金額の如何を問わず確定申告を不要とすることができます。この場合、源泉徴収されている所得税15・315％と住民税5％での税額負担となります。

この方法は、1回に受ける配当等の金額ごとに選択することができます。つまり、A株式の配当は申告不要を選択して、B株式の配当は確定申告をするという選択ができるのです。また、同じC株式の中間配当を申告不要とし、期末配当は確定申告をするという方法も選択できます。

◆確定申告をして総合課税とする方法

受け取った配当を配当所得として総合課税を選択し、所得税の確定申告をする方法もあります。この総合課税とは、給与所得や年金等の雑所得、不動産所得、事業所得等と合算して税金を計算する方法です。総合課税の税率は、所得税は所得により5～40％、住民税10％となります。

この方法の場合は、内国法人から受け取る配当等については配当控除の適用があります。所得税の配当控除とは、税額控除制度で課税総所得金額により次のとおりとなります。

①課税総所得金額等が1000万円以下のとき、配当所得の10％

特定株式投資信託以外の特定証券投資信託の収益の分配金＝配当所得の5％

特定外貨建等証券投資信託以外の
外貨建証券投資信託の収益の分配金＝配当所得の2・5％

②課税総所得金額等が1000万円超のとき、1000万円超の部分の配当所得の5％

特定株式投資信託以外の特定証券投資信託の収益の分配金＝配当所得の2・5％

特定外貨建等証券投資信託以外の
外貨建証券投資信託の収益の分配金＝配当所得の1・25％

特定証券投資信託の配当所得がある場合には、別紙の「特定証券投資信託に係る配当控除額の計算書」を使用して確定申告することになります（71ページ参照）。

このように配当控除は、その商品内容により控除率が異なりますので、専門家や証券会社等によく確認してから申告する必要があります。

なお、この総合課税を選択した場合は、上場株式等の売却損失との損益通算はできません。さらに、その年に受け取った配当の一部を総合課税とし、残りを分離課税とする選択はできません。つまり、確定申告をするすべての配当所得を総合課税か分離課税のどちらかとしなければならないのです。

◆確定申告をして分離課税とする方法

受け取った配当を配当所得として分離課税を選択し、所得税の確定申告をする方法もあります。この分離課税とは、他の給与や年金とは別に単独で税金を計算する方法です。

分離課税の税率は、所得税15・315％、住民税5％です。

この方法の場合、上場株式等や株式投資信託の売却損失との相殺をすることができます。

つまり、配当受け取り時に源泉徴収された税金を精算することになります。

なお、この分離課税を選択した場合は、配当控除の適用はできません。つまり、配当控除を受けるなら総合課税、売却損失との相殺をするなら分離課税により確定申告することになります。

さらに確定申告をする場合には、配当等に関する支払通知書を確定申告書に添付する必要があります。

発行済み株式総数の3％以上を所有するいわゆる大口株主の場合には、確定申告をして総合課税とする選択肢しかありません。判定時期は、その配当に係る事業年度終了の日となります。

◆特定口座を使えば確定申告なしで売却損と配当を相殺できる

平成22年から、特定口座に上場株式等の配当・公募株式投資信託の収益分配金を受け入れ、売却損と損益通算することが可能になりました。その年の最後に残った相殺後の利益に対して源泉徴収がされます。このことによって、確定申告をしなくても売却損と配当等を相殺することができます。この受け入れのできる口座は、特定口座の源泉徴収ありの口座に限られます。

特定証券投資信託に係る配当控除額の計算書

特定証券投資信託に係る配当控除額の計算書

（この計算書は、確定申告をする配当所得（申告分離課税を選択したものを除きます。以下同じです。）のうちに、特定証券投資信託の収益の分配に係る配当所得がある方が使用します。）

（平成　　年分）　　　　氏　名＿＿＿＿＿＿＿＿

○この計算書は、申告書と一緒に提出してください。

1　配当所得の区分

			番号	金額	記載方法
課税総所得金額			①	円	課税総所得金額、課税短期譲渡所得金額、課税長期譲渡所得金額、株式等に係る課税譲渡所得等の金額、申告分離課税の上場株式等に係る課税配当所得の金額及び先物取引に係る課税雑所得等の金額の合計額を書いてください。
配当所得の金額			②		配当所得の金額を書いてください。申告分離課税を選択した上場株式等に係る配当所得については、配当控除は適用できません。
②のうち配当控除の対象となるもの	剰余金の配当等に係る配当所得の金額		③		剰余金の配当、利益の配当、剰余金の分配及び特定株式投資信託の収益の分配に係る配当所得の金額の合計額を書いてください。
	特定証券投資信託の収益の分配に係る配当所得の金額	外貨建等証券投資信託以外に係る金額	④		外貨建等証券投資信託以外の特定証券投資信託の収益の分配に係る配当所得の金額の合計額を書いてください。
		外貨建等証券投資信託に係る金額	⑤		特定証券投資信託のうち、外貨建等証券投資信託の収益の分配に係る配当所得の金額の合計額を書いてください。

2　配当控除額の計算

		番号	金額	記載方法
③に係る控除額の計算	（①－④－⑤－1千万円）	⑥	（赤字のときは0）円	③欄に金額がある場合にのみ書いてください。
	（③－⑥）	⑦	（赤字のときは0）	
	（⑦×10%）	⑧		
	（(③－⑦)×5%）	⑨		
④に係る控除額の計算	（①－⑤－1千万円）	⑩	（赤字のときは0）	④欄に金額がある場合にのみ書いてください。
	（④－⑩）	⑪	（赤字のときは0）	
	（⑪×5%）	⑫		
	（(④－⑪)×2.5%）	⑬		
⑤に係る控除額の計算	（①－1千万円）	⑭	（赤字のときは0）	⑤欄に金額がある場合にのみ書いてください。
	（⑤－⑭）	⑮	（赤字のときは0）	
	（⑮×2.5%）	⑯		
	（(⑤－⑮)×1.25%）	⑰		
配当控除額	（⑧＋⑨＋⑫＋⑬＋⑯＋⑰）	⑱		申告書第一表の「税金の計算」欄の配当控除に転記してください。

22.7

◆株式配当は課税所得総額３３０万円以下だと確定申告する方が有利

総合課税を選択して株式の配当所得の申告をするかどうかのおおよその分岐点は、所得税のみならず住民税を含めて検討する必要があります。

株式配当の場合、課税総所得金額が３３０万円以下のときは、所得税・住民税を合計して税負担率を考えると確定申告した方が有利となります。

株式投資信託の配当の場合は、控除率が下がるので課税総所得金額が１９５万円以下の場合に申告した方が有利です。ただし、外貨建て資産割合が50％超の場合は申告すると不利になります。配当を受ける金融商品によって控除率が変わるのでよく確認しましょう。

また、未上場等株式の配当金額については、少額配当金以外のものは必ず確定申告をしなければなりません。少額配当とは、未上場等株式の配当金で、１銘柄について１回に支払いを受ける配当金額が10万円以下の配当金をいいます。また、未上場等株式の配当金に対する住民税については、必ず総合課税による税金となります。そのため、所得税の確定申告をしない場合でも、住民税の申告は必要になります。

◆妻が受け取る配当金が大きいと配偶者控除が適用されないこともある

配当金を確定申告するかどうかは、所得税の有利不利だけでなく、次の点にも注意をして判断する必要があります。

①妻が配当金を受けた場合、夫の配偶者控除の適用に影響しないか検討する必要があります。妻の配当所得とその他のパート等による給与所得等との合計額が38万円超の場合には夫の税金計算上配偶者控除の適用はできなくなります。

②国民健康保険や後期高齢者医療制度に加入している場合、その保険料に影響しないか確認する必要があります。全国健康保険協会管掌の健康保険の場合は給与に基づいて計算をするので影響はありません。

3

通勤手当、出張旅費を使った節税法

◆1カ月10万円までの通勤手当は非課税

通勤手当として支給する金額のうち、通勤のために最も経済的かつ合理的な経路及び方法により計算した、1カ月当たり10万円までの金額は、非課税となります。

支給する場合は、通勤手当として支給することが必要です。役員給与に含めて支給してしまうと、すべて課税の対象になります。給与から源泉所得税を控除するときに、通勤手当分を引いて所得税を控除することは認められません。

なお、会社と自宅が近いからと徒歩で通勤する場合、その相当額は通勤手当の非課税の対象にはなりません。2キロメートル以上離れていて、自転車や自動車で通勤する場合は、通勤手当の非課税の対象となります。

また、グリーン車の定期代を支給するとき、グリーン車の料金は非課税の通勤手当には含まれないため、課税の対象になります。

　また、電車やバスなどの他に、マイカーや自転車などを使って通勤している場合でも、一定の金額は非課税の扱いになります。

・2キロメートル未満→全額課税
・2キロメートル以上、10キロメートル未満→４１００円
・10キロメートル以上、15キロメートル未満→６５００円
・15キロメートル以上、25キロメートル未満→１万１３００円
・25キロメートル以上、35キロメートル未満→１万６１００円
・35キロメートル以上、45キロメートル未満→２万９００円
・45キロメートル以上→２万４５００円

　余談になりますが、通勤のために通常必要な範囲の現物定期券や現金支給する通勤手当は、所得税法上の非課税部分を超えても、消費税法上は課税仕入れに該当します。

◆出張旅費規定を作成し、日当を支給しよう

　役員に支給する出張旅費は、原則、給与として課税の対象となります。ただし、「転勤

旅費交通費の取扱い

出張旅費規定	支払	経費	経費になる金額
	実際に支払った旅費交通費	経費になる	支払った金額
基づくもの	従業員に支払う出張日当	経費になる（※）	日当として支給した金額
基づくもの	役員に支払う出張日当	経費になる（※）	日当として支給した金額

※不相当に高額なものは所得税が課税されます

や出張などのための旅費のうち、通常必要と認められるもの」に関する手当は非課税です。

出張旅費を実費精算処理するのは手間がかかります。このとき、昼食代や宿泊費等を含めた日当を定めて支給することで煩雑さを軽減することができます。その際、出張旅費規定を作成し、その規定に基づいて、旅費・出張手当を支給すると、著しく高額な支給でない限り、役員、社員を問わず、給与として課税されることはありません。

また、会社としても、実費ではなく、旅費として支給した全額が経費になります。

ポイントは、出張旅費規定があり、それに基づいて支給するということです。

では、そもそも、どのように支給金額を決めればいいでしょうか。もちろん、いくらでもいいというものはないため、いわゆる世間一般の相場を参考にします。

社長や役員、社員も部長や課長などの役職等級別に定めてもいいと思います。

4

社長の退職金を使った節税法

◆損金になる退職金の金額とは

会社が役員に支給する退職金で適正な額のものは、損金に算入されます。不相当に高額な部分の金額は、法人税の計算上、損金算入できません。つまり、社長が〝鶴の一声〟で「会長が退職するから退職金をこれくらい出す」と言っても、そのすべてが損金として認められるわけではなく、思わぬ法人税の負担が生じることがあります。

では、役員の退職金はいくらが適正なのでしょうか。求め方は次のとおりです。

役員退職金＝最終の月額報酬×在任年数×功績倍率

例えば、社長が息子に後を継がせようと退任する場合、社長の最終の月額報酬が１００万円、在任年数が10年、功績倍率を３倍として計算式に当てはめると、

役員退職金＝１００万円×10年×３倍＝３０００万円

退職所得控除はいくらになるか

在任年数	退職所得控除額
20年以下	40万円×在任年数 ※80万円未満の場合は80万円
20年超	70万円×(在任年数−20年)＋800万円
障がい者になったことが直接の原因で退職した場合、上記の計算により算出した額に、100万円を加えた金額	

となります。この金額を超えて法人が退職金を支給すると、その超えた部分の金額は損金に算入されないこととなります。

◆退職金を受け取ったときの税金はいくらかかるか

次に、退職金を受け取る側の税金を見てみましょう。社長が受け取る退職金は、その年の退職所得となります。退職所得の求め方は次のとおりです。

退職所得＝（退職金−退職所得控除額）×1／2

退職所得控除額の計算法は、上表のとおりです。

先ほどの例では、在任年数が10年なので

所得税はいくらになるか

所得金額	税額の速算式
195万円以下	所得金額×5%
195万円超　330万円以下	所得金額×10%－97,500円
330万円超　695万円以下	所得金額×20%－427,500円
695万円超　900万円以下	所得金額×23%－636,000円
900万円超　1,800万円以下	所得金額×33%－1,536,000円
1,800万円超	所得金額×40%－2,796,000円

※平成25年1月から平成49年12月まで復興特別所得税が所得税に対して2.1%付加税として創設される。

退職所得控除額は、40万円×10年＝４００万円となり、

　退職所得＝（３０００万円－４００万円）×１／２＝１３００万円

　となります。この退職所得の金額に対し、上記の所得税の税額表を適用して所得税額が算出されます。法人が退職金を支給するときに、源泉徴収します。

　所得税額＝１３００万円×33％－１５３・６万円＝２７５・４万円

◆半分を退職金、半分を年金として受け取る方法もある

　平成24年度税制改正により、平成25年１月１日以後に支払われるべき退職手当等で、

在任期間が5年以下の場合の役員退職所得の計算式で、退職金から退職所得控除額を控除した残額の2分の1としている、この「2分の1」が廃止されることが打ち出されました。よって、在任期間が5年か6年かで、所得税額は倍も違ってくることになるため、税理士に確認することが大切です。

また、退職金を一括で受け取る場合、従業員であれば退職金の金額が退職所得控除額を大きく超えることはありませんが、社長の場合は、退職所得、所得税の税率・税額が大きくなることが考えられます。

そこで、半分を退職金、残りを年金として複数年に分割して受け取る方法も考えられるでしょう。年金として受け取ると、毎年雑所得として所得税がかかりますが、複数年に分割することで、1年当たりの所得が小さくなり、税率を下げることができます。また、毎年の年金から公的年金等控除額を控除することができ、その差し引いた金額に所得税がかかることになります。

一括して退職金を受け取るか、分割して年金として受け取るか、両者を比較して、最適な方法を検討してみましょう。

◆退職金の原資に生命保険を活用する

ところで、会社は高額な社長の退職金をどのようにして準備すればよいのでしょうか。

この点について、多くの会社では、生命保険を活用しています。万が一のリスクに備えつつ、退職時に解約することで、解約返戻金を退職金の補てんとしているのです。

具体的には、掛金の２分の１を損金、２分の１を資産計上するものが多く、退職金の支給時期が到来するまで各事業年度にわたって、２分の１が損金計上されます。

退職金の支給時期となると、生命保険契約を解約して解約返戻金を会社が受け取り、それを原資に退職金を支給します。会社は解約返戻金を受け取ると収益として計上することになりますが、これまで資産計上してきた分は解約返戻金と差し引きして処理するので、結果として、掛金全額が経費計上されることとなります。

会社の収益＝解約返戻金－資産計上累計額－退職金

平成26年度の税制改正では、平成28年の所得税から給与収入１２００万円以上は給与所得控除が２３０万円に、平成29年の所得税から給与収入１０００万円以上は給与所得控除が２２０万円に引下げられます。

また、会社が掛けてきた生命保険を社長個人が買い取ることで、ほとんど税負担を負わずに会社から資金の移転を受ける方法が、平成23年度の税制改正大綱では認めないとされました。ただ、もし今後この方向で改正が行われたとしても、複数の生命保険をかけているとか、社長の在任期間が短いときなどでは、こうして一時の所得として受け取る方法も検討する余地はあるでしょう。

◆死亡時の退職金・弔慰金の支給規定を整備しておこう

役員の死亡により退職金を支給する場合、退職金とは別に弔慰金を支給することができます。遺族が受け取る弔慰金は相続税が非課税です。業務上の死亡時は、賞与を除く給与の3年分に相当する金額が、業務上の死亡でないときは、同半年分に相当する金額が弔慰金として取り扱われます。

退職給与規定と合わせて、弔慰金の規定も明確に盛り込んで整備しておくことをお勧めします（142ページ参照）。

5

経営者の「退職金制度」を使った節税法

◆従業員20人以下の会社なら加入できる

小規模の会社等の役員が退職した場合、生活の安定や事業の再建を図るための資金をあらかじめ準備しておく共済制度に、小規模企業共済制度があります。

小規模企業共済制度は、国が全額出資している独立行政法人中小企業基盤整備機構が運営する、いわば「経営者の退職金制度」で、税制上のメリットがある他に、一定の資格者は、納付した掛金合計額の範囲内で、事業資金等の貸付が受けられます。

制度の詳細を見てみましょう。

この制度に加入できるのは、常時使用する従業員20人以下（商業・サービス業は5人以下）の個人事業主及び会社の役員です。

掛金は月額１０００円から7万円までの範囲内（５００円単位）で自由に選べ（増額・

掛金の全額所得控除による節税額一覧表

課税される所得金額	加入前の税額	加入後の節税額			
	所得税＋住民税	掛金月額１万円	掛金月額３万円	掛金月額５万円	掛金月額７万円
200万円	312,100円	20,700円	56,900円	93,200円	129,400円
400万円	787,800円	36,500円	109,500円	182,500円	241,300円
600万円	1,392,700円	36,500円	109,500円	179,000円	255,600円
800万円	2,033,200円	40,100円	120,500円	197,400円	281,200円
1,000万円	2,805,000円	52,400円	157,300円	258,700円	367,000円

減額もできます)、半年払いや年払いもできます。

◆掛金全額を所得控除できる

掛金は全額が、小規模企業共済等掛金控除として課税対象所得から控除できます。具体的な節税効果を確認してみましょう。上の表は所得と掛金ごとの節税額を示したものです。

例えば、掛金月額７万円で課税される所得金額が１０００万円の場合、36万７０００円の節税効果が得られます。年間の掛金総額84万円に対して、節税額36万７０００円を得られるわけですから、約43%の投資利回りとなります。低金利時代にあって、現在販売されている金融商品の中で、このように高い利回りをもつものは見当たりません。定期積金や、定期預金をするよりはるかに蓄財に寄与する金融商品といえるでしょう。

◆共済金は四つの受取り方がある

共済金等の受け取りは、次ページのように四つに分類されます。共済金Aまたは共済金Bの共済金等については、「一括受取り」「分割受取り」「一括受取りと分割受取りの併用」のいずれかを選択できます。なお、共済金の分割受取りを選択できるのは、共済金の支払額が３００万円以上で、共済事由が生じた日に満60歳以上の方でなければなりません。

◆受け取り方で税金のかかり方が変わる

受け取った共済金等の税法上の取扱いは次のとおりです。

・一括受取りの共済金→退職所得扱い
・分割受取りの共済金→公的年金等の雑所得扱い
・死亡により受取る共済金→みなし相続財産（死亡時退職金）として相続税の課税対象
・準共済金の受取り→退職所得扱い

共済金等の受取法と基本共済金等の額

(1) 共済金A

・事業をやめたとき（個人事業主の死亡・会社等の解散を含む）

※配偶者、子への譲渡及び現物出資により個人事業を会社へ組織変更した場合を除きます。

(2) 共済金B

・会社等の役員の疾病、負傷または死亡による退職（任意又は任期満了による退職を除く）

・老齢給付（年齢が満65歳以上で、掛金を15年以上納付した方は、請求することにより受け取れます。なお、老齢給付として受け取らずに、共済契約を継続することもできます）

(3) 準共済金

・会社等の役員の任意または任期満了による退職

・配偶者、子への事業譲渡

・現物出資により個人事業を会社へ組織変更し、その会社の役員にならなかったとき

(4) 解約手当金

・任意解約

・掛金を12カ月分以上滞納したとき

・現物出資により個人事業を会社へ組織変更し、その会社の役員になったとき

掛金納付月数	60月	120月	180月	240月	360月
掛金合計額	600,000円	1,200,000円	1,800,000円	2,400,000円	3,600,000円
共済金A	621,400円	1,290,600円	2,011,000円	2,786,400円	4,348,000円
共済金B	614,600円	1,260,800円	1,940,400円	2,658,800円	4,211,800円
準共済金	600,000円	1,200,000円	1,800,000円	2,419,500円	3,832,740円
解約手当金	掛金納付月数に応じて、掛金合計額80～120％相当額が受け取れます。掛金納付月数が240カ月未満での受取額は、掛金合計額を下回ります。				

・任意解約による解約手当金で65歳以上の者が受け取るもの→退職所得扱い
・任意解約による解約手当金で65歳未満の者が受け取るもの→一時所得扱い
・任意解約以外の受取り解約手当金→一時所得扱い

◆事業資金の貸付制度も利用できる

加入者（一定の資格者）は、納付した掛金合計額の範囲内で、次のような事業資金等の貸付が受けられます。

・一般貸付
・傷病災害時貸付
・操業転業時貸付
・新規事業展開等貸付
・福祉対応貸付・緊急経営安定貸付

このように小規模企業共済制度には、他の金融商品等では見られないメリットがあります。非常に有利な制度ですので、まだ加入していない方は、ぜひ加入することをお勧めします。

6 会社分割を活用した節税法

◆会社分割とは資金の準備を必要としない組織再編の方法

会社分割とは、文字どおり会社を分割することをいい、その対象は特定の事業部門に属する資産、負債の他、取引契約や労働者等のすべてです。

特定の事業部門を包括的に他の会社に移転させることとなるため、新会社として独立させて効率化を図ったり、不採算部門を切り離したりといったことが可能となり、企業組織再編には非常に有効な手段です。最近では、中小企業においても積極的に会社分割を活用する企業が増えているようです。

なお、会社分割は営業譲渡と異なり、移転する事業部門の対価を金銭で支払う代わりに株式を発行するため、資金の準備を必要としないメリットがある反面、包括的に権利義務が承継されることから簿外債務を引き継ぐ可能性があり、注意が必要です。

会社分割を活用した組織再編の実行については、そのメリット・デメリットを十分に検討することが必要でしょう。

◆会社分割で節税ができる

本来、企業組織運営の効率化や経営資源の適正配分という目的から行う会社分割ですが、会社の販売部門や個々の営業所などを、資本金１億円以下の別法人として分離独立（資本金５億円以上の法人の１００％子法人として設立させる場合を除く）させることで節税効果をもたらす場合があります。

例えば、会社の分割は所得を分散させることとなり、年８００万円以下の所得に対しては法人税率25・５％が15％となるため、税負担の軽減を図ることができます。また、会社を分割することにより、交際費等の損金算入限度額を増加させる効果もあります。

具体例を用いてその効果を見てみましょう。

資本金５０００万円、税引前利益６０００万円（交際費の支出額１２００万円、うち損金不算入額４００万円）のＡ社があります。この会社の第一営業部を資本金１０００万円で分離独立させ、Ｂ社とします。

会社を分割した結果、A社は税引前利益３５００万円（交際費の支出額６００万円、うち損金不算入額０万円）、B社は税引前利益２５００万円（交際費の支出額６００万円、うち損金不算入額０万円）に分散されたとすると、法人税額は次のようになります。

【会社分割前】

①課税所得　６０００万円＋４００万円＝６４００万円

②法人税の計算

イ　８００万円×15％＝１２０万円

ロ（６４００万円－８００万円）×25・5％＝１４２８万円

ハ　イ＋ロ＝１５４８万円

【会社分割後】

①A社の課税所得　３５００万円

②A社の法人税の計算

イ　８００万円×15％＝１２０万円

ロ（３５００万円－８００万円）×25・5％＝６８８・５万円

ハ　イ＋ロ＝８０８・５万円

①B社の課税所得　２５００万円

②B社の法人税の計算

イ　８００万円×15％＝１２０万円

ロ（２５００万円－８００万円）×25・5％＝４３３・５万円

ハ　イ＋ロ＝５５３・５万円

会社分割後の法人税額はA社とB社の合計で１３６２万円、会社分割前の１５４８万円に比べ１８６万円の節税効果があったことになります。これは、会社分割により、法人税率の軽減税率をA社とB社それぞれで適用できたことと、交際費の損金算入限度額が増加したことによるものです。課税所得の分散と法人税額の減少は地方税にも影響を及ぼすため、その節税効果はさらに増加します。このような節税効果を高める会社分割を、企業組織運営の手法の一つとして、検討してみてはいかがでしょうか。

◆役員報酬による所得の分散は節税の王道

個人組織でも法人組織でも、比較的規模の小さなところでは、家族を従業員にしている経営者の方が多く見られます。

会社分割とは

会社分割とは、一つの会社を二つ以上に分割することであり、会社法では新設分割と吸収分割が制度化されています。

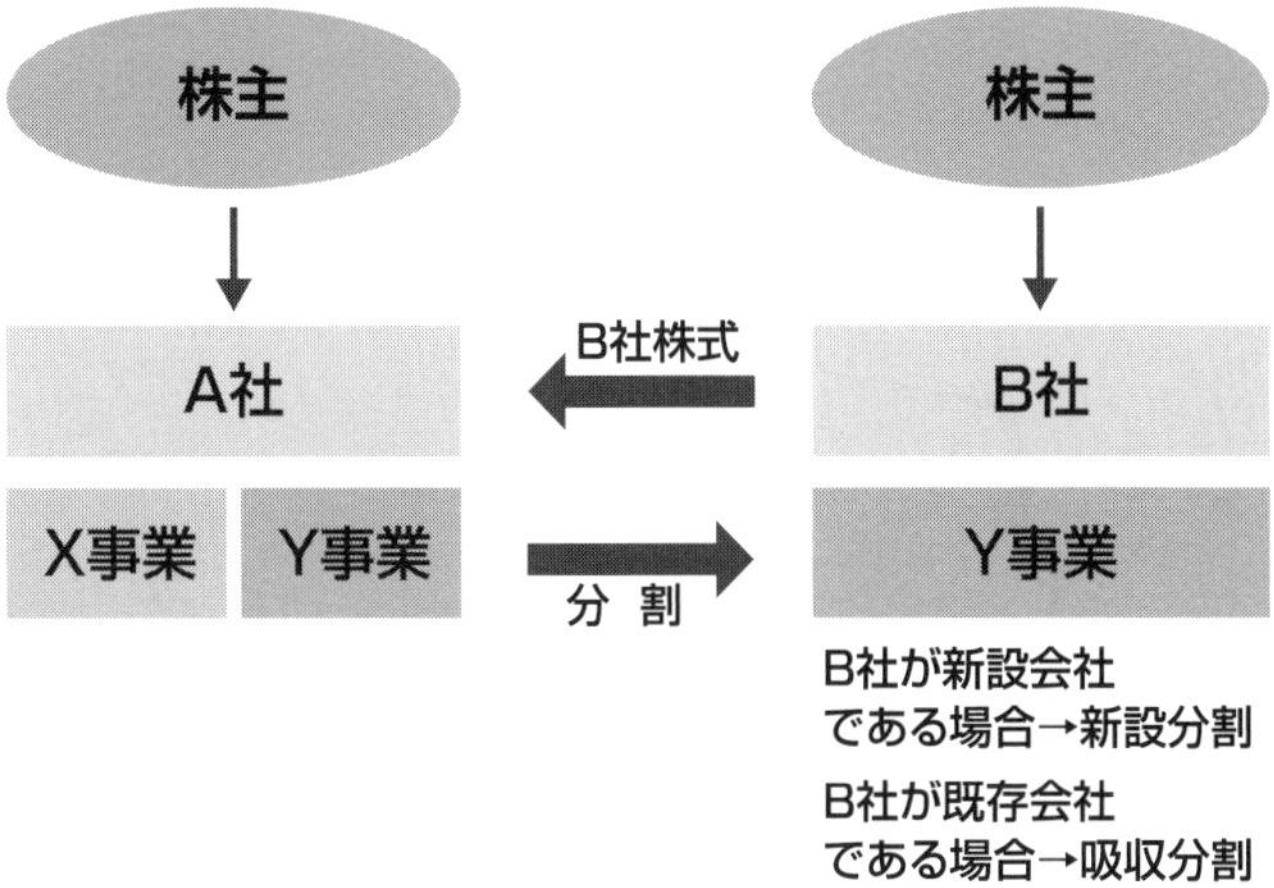

会社分割のメリット・デメリット

<メリット>

(1)事業譲渡と異なり、資金の準備を必要としません

(2)特定部門を一つの会社とすることにより、部門責任を明確にすることができます

(3)同一会社内に不採算部門がある場合、当該部門を分離・分社化することにより、他の会社への売却を行うとともに、優良部門への経営資源を集中することができます

<デメリット>

(1)会社を分割することにより、経営資源も分離されることとなるため、規模の利益が後退します

(2)事業譲渡と異なり、簿外債務を引き継ぐ可能性があります

7

妻を役員にする節税法

個人事業では青色事業専従者の規定があるものの、専従者給与に関しては労務対価相当額であるかどうかを税務当局から厳しくチェックされます。

一方、家族従業員を法人の役員（取締役、監査役）に就任させれば、役員であればその報酬は従業員の労務対価相当額でなく、経営遂行に対する役員報酬と変化します。

同族会社では、代表者一人に高額な役員給与を支給するより、家族役員に分散して給与を支給する方が、同族ファミリー全体での税金流出を考えた場合、所得税の節税が図れます。所得税は所得に応じて税率が高くなる累進税率構造になっているからです。

そこで、家族従業員の中心メンバーである代表者の妻を会社役員に就任させて役員給与を支給します。

具体的に数字で見てみましょう。

社長の給与収入を１５００万円とし、所得控除を基礎控除、一般配偶者控除のみで所得税、住民税を計算すると、所得税が２４０万４１００円、住民税が１１９万１５００円となります。

これを、社長の給与収入９００万円と妻の給与収入６００万円とに所得を分散してみます。二人とも所得控除は基礎控除のみとします。すると、社長の所得税は89万４９００円、住民税は65万９５００円、妻の所得税は35万５８００円、住民税は39万５５００円となります。

両者を比較すると、社長一人の税金３５９万５６００円と社長と妻との二人の税金合計２３０万５７００円との差は１２８万９９００円にもなります。このように所得分散効果による節税は明白です。

◆妻が資産形成できれば相続税・贈与税対策にもなる

妻が役員に就任することで会社から役員給与の支給を受けることになると、妻には資産形成手段が備わることとなります。

妻が専業主婦であった場合には、妻には財産を蓄積する能力はありませんから、社長の相続税の申告において妻名義の資産は、被相続人である社長の遺産であると税務当局からみなされかねません。あるいは贈与税の対象にもなりかねません。役員給与の支給を受け、資産形成の手段を得ることで、こうしたことを避けることができます。

また、妻が給与収入を得ることで、不動産取得の道が開けてきます。

例えば、居住用の土地・家屋を、夫である社長と妻の二人の名義で取得します。二人で共有名義のこの不動産を将来において売却した場合、譲渡益には分離の譲渡所得税が課されますが、「居住用財産譲渡の３０００万円特別控除の特例規定」を適用すれば、税負担が生じないケースが多いでしょう。二人の共有であれば、それぞれが居住用３０００万円特別控除の特例の適用ができますから、併せて６０００万円控除できるのです。

◆社会保険にも加入できる

妻が役員に就任した場合には、立場が労働者である従業員から経営者になるため、労働保険の適用はなく、労災保険料と雇用保険料の会社負担は生じません。

また、社長の妻が無職の場合には第３号被保険者になり、社長が年金保険料を支払うことで妻が基礎年金を受給します。

一方、妻が会社から役員給与の支給を受けると、社会保険料は給与から天引きされます。会社は天引き保険料と同額を負担して、社会保険料を納付します。つまり社会保険料は折半となっており、会社が負担した保険料は法定福利費として損金扱いになります。

さらに妻の年金受給時には国民年金（基礎年金）に上乗せされた報酬比例年金（厚生年金）が支給されるので、役員給与を支払う方が有利といえるでしょう。

◆妻に退職金も支給できる

個人事業主は退職金を支給できませんが、法人の場合、役員に対しても従業員と同様に退職金を出すことができます。役員に支払う退職金は損金に算入できます。もちろん退職金は適正な金額でなければなりません。不相当に高額な金額部分は損金として扱えないので注意が必要です（78、１４２ページ参照）。

役員への退職金の適正額は次の計算式を目安としてください。

役員退職金＝最終の月額報酬×在任年数×功績倍率

功績倍率は税法に明確に定められているわけではありません。同業同規模会社の支給水準等を勘案して決めます。そのため役員退職金規定を設けることも重要です。

こうして、社長の妻への退職金の支払いは老後の備えになるばかりか、会社にとっては損金扱いになるので法人税の負担が減少します。

会社が退職金を準備する手段として生命保険を上手に使うことも有効な方策です。会社の損金扱いになる生命保険契約であれば、支払った保険料の範囲に応じて節税効果が発揮されます（82ページ参照）。

また、小規模企業共済制度を利用した退職金準備も、妻の個人所得税の節税になります。掛金は税法上、全額が小規模企業共済等掛金控除として課税対象となる所得から控除されるからです（84ページ参照）。

妻を役員にすると節税上のメリットは大きい

●メリット1　所得分散効果

	社長のみ	社　長	妻
年　収	1,500万円	900万円	600万円
所得控除	76万円	38万円	38万円
所得税	240万4100円	89万4900円	35万5800円
住民税	119万1500円	65万9500円	39万5500円
合　計	359万5600円	155万4400円	75万1300円

128万9900円の節税

●メリット2　資産形成効果

・妻の預貯金や不動産等への蓄財
・妻の財産形成がなされることで相続税対策

●メリット3　社会保険加入による効果

・妻が負担する社会保険料のうち法人が負担する部分の軽減
・妻が役員になることによる労災保険料の消滅
・厚生年金受給による老後生活資金の確保

●メリット4　退職金の支給

・法人契約による生命保険料の法人負担による法人税の節税
・小規模企業共済制度加入による所得控除での所得税の節税
・退職金支給による老後の生活資金の確保

8

契約書を使った節税法

◆社長の自宅を会社に貸す契約をする

契約書をつくって計画的に、毎月一定額を経費に計上することは、会社にとって、将来的にも大きな節税のメリットになります。

いくつかのケースを紹介しましょう。

まず、社長の自宅を本店として登記し、実際に、自宅の一部を会社の事務所として使用している場合があります。

そのようなときには、賃貸借契約書を作成し、地代家賃として貸主である社長に賃借料を支払うことで、毎月一定額を経費に計上することができます。

注意しなければいけないのは、社長の自宅が賃貸物件である場合と、持ち家である場合では税法上の取扱いが異なる点です。

まず、賃貸借物件である場合から見ていきましょう。

社長が自宅を賃借しており、毎月家賃を支払っている場合は、社長が賃借した金額で、物件の一部を会社に転貸するという形式になるので、社長の収入として確定申告する必要はありません。また、家主さんによっては、転貸を禁止する旨を契約書に明記していることもありますので、その点を確認しておく必要があります。

地代家賃として計上する金額ですが、社長が貸主に支払っている家賃のうち、自宅全体の面積に対して、会社が使用している部屋面積の割合に応じた金額とすれば合理的です。例えば、同じ面積の部屋が３部屋で、そのうちの１室を会社の事務所として使用しており、毎月の家賃が15万円の場合は、毎月５万円以下でしたら地代家賃として経費を計上できます。

次に、社長の自宅が持ち家の場合は、社長の不動産所得となるので、その収入を加算して確定申告する必要があります。

「確定申告するのが面倒」と思われる方もいるかもしれませんが、個人の収入に対して課される所得税は、収入に応じて税率が異なります。社長の所得税率が20％以下でしたら、会社で地代家賃を計上して利益を圧縮し、法人税の支払いを減額した方が、社長個人の不動産所得に対する所得税の増額と、確定申告の手間を考慮しても、節税効果があります。

会社が地代家賃として計上する金額ですが、場所によって地価が異なりますので、近隣の賃貸相場をインターネットなどで調べ、自宅全体を借りる場合の相場を換算します。自宅が賃貸借物件である場合と同様に、その相場に対して、会社が使用している部屋の面積の割合に応じた金額を地代家賃として経費に計上します。

会社が経費にするひと月の家賃が５万円程度だとしても、年間では60万円になりますので、利益が出過ぎた場合には、ぜひ、この節税方法を使ってみてください。

ただし、社長個人が住宅ローン控除の適用を受けている場合は、事業割合が２分の１を超えると、ローン減税が受けられなくなったり、事業割合に応じてローン減税の減税額が減ってしまうので、注意が必要です。

◆社長個人の車を会社に貸す契約をする

会社名義の車を購入するほど車を使わないため、社長個人の車を月に何回か会社の事業用として使用する、という会社があります。このような場合も、会社と社長の間で契約書を取り交わせば、会社で賃借料を計上することができます。

賃貸借契約書書式例

賃貸借契約書

賃貸人（以下甲という）と賃借人（以下乙という）は、賃貸借物件（以下物件という）について物件の保全債権債務の明確化のためにここに本賃貸借契約書を、二通作成し各々押印しそれぞれ所持する。

第一条　賃貸借料金として月額金○○○○円を、毎月、前月末日までに甲の指定する口座に振込み支払う。

第二条　賃貸借期間は、平成○○年 1 月 1 日より平成○○年 12 月 31 日までとし翌年以後は、自動更新とする。

第三条　乙が甲に物件を明け渡す場合は必ず一ヶ月前に予告し、甲が契約を解除する時には六ヶ月前に予告する。

第四条　乙が下記に該当した時は甲は乙に催告を要せずただちに本契約を解除することが出来る。

1. 賃貸借料金を一ヶ月以上滞納した時、または賃貸借保証金を賃貸借料金に乙が充当しようとした時。
2. 物件に対して造作付加改造除去また有害な事をした時、また壁面等に粘着剤をはったり穴をあけたりした時。
3. 物件を第十条に定められている目的以外に使用した時または営業の目的に使用した時。
4. 物件を衛生的に保つことを怠りあるいは騒音・悪臭・振動・ほこり等を出して近隣に迷惑をかけた時。

第五条　物件を乙より甲に明け渡す時賃貸借敷金全額を明け渡し後十四日以降に甲は返還する。但し賃貸借料金の滞納額・乙の故意または重大な過失による物件の損害額等を甲は上記返還額から差し引いて返還する。乙は物件明け渡し時当該金品以外を請求しない。乙が明け渡す時は賃貸借料金の日割りの計算をする。

第六条　乙は物件を契約の始まった時点の状態で賃借しなければならない。乙の故意または過失によって相違する場合は乙の費用で復旧する。

第七条　公租公課・諸物価・近隣の同種賃貸借料金・地価等変動に呼応し第一条の賃貸借料金を甲は改訂することができる。

第八条　乙が直接物件を使わない時は甲乙が約したものに直接使用させることができる。直接使用者は乙と同一とみなし本契約書を適用する。

第九条　物件中で発生した盗難、破損による乙の損害を乙は甲に損害賠償の請求をしない。

第十条　物件の使用の目的　：　事務所

第十一条　物件の所在地・名称　：　○○○○

平成○○年1月1日

甲（賃貸人）　住所　○○○○
　　　　　　　氏名　○○○○

乙（賃借人）　住所　○○○○
　　　　　　　氏名　○○○○

車種にもよりますが、レンタカーを借りると、最近では1日５０００円前後が相場です。週に2~3回くらい、社長個人の車を会社のために使用する場合は、月3万円程度の賃借料でしたら計上できます。もちろん、事業割合に応じてガソリン代や車両整備費用、修繕費も計上することができます。

例えば、ガソリン代がひと月2万円で1年間24万円、車両点検と修繕費が10万円で合計34万円かかったとします。週に2~3回くらいの使用頻度で、事業割合を3割として計算すると、10万円以上を車両経費として、また、賃借料として、月3万円で1年間36万円、合計で46万円以上の利益を圧縮できます。この場合、社長の持ち家を会社に賃貸しているときと同様に、車の賃貸収入が、社長個人の課税対象となり、確定申告が必要です。

◆節税できる契約書のつくり方・結び方

このような契約を結ぶ場合の契約書ですが、細かく規定したものである必要はありません。前ページのように、貸主と借主の氏名と住所、契約期間、賃貸料、契約物件用途などを記載しておきましょう。賃貸借契約書は、2通作成し、貸主である社長と、借主である会社が1通ずつ保管するようにしてください。

第3章

オーナーだからできる！
会社と個人の取引を使った節税法

1

会社と個人で金銭の貸借をする節税法

◆社長が会社にお金を貸せば、会社は利息を経費にできる

中小企業や同族会社では、買掛金を支払うタイミングが売掛金の入金日より先に到来するなどして運転資金が不足したときや、あまり高額でない設備投資をするときなど、会社が社長個人から借入をすることは少なくないでしょう。

一方で、この「役員借入金」に対して利息を支払っている会社は少ないようです。

会社が無利息で社長から借入をしても、税法上は、「支払利息」という経費と、「支払利息免除益」という収入が相殺され、プラスマイナスゼロとなりますので、社長からの借入金に対して、会社が利息を支払わなくても問題はありません。また、社長個人についても、実際に利息を収受していない場合は、利息をもらったものとみなされたり、利息相当額が社長個人の収入になるわけではないので、無利息で会社に貸し付けても問題はありません。

しかし、会社が社長からの借入金に対して利息を支払えば、会社側は「支払利息」として経費を計上することができ、利息相当額の利益が圧縮されるので、利益が出過ぎたときの節税対策としてお勧めです。

その一方で、利息を収受した社長側には、雑所得として、所得税が課される可能性があります。

逆に、会社が社長に貸付をする場合は、利益相反行為に該当しないよう、次に示す程度の金利で算出した利息をとらなければなりません。

①その会社が他の金融機関から借り入れている場合には、その金利程度
②貸付を行った日の属する年の前年の11月30日を経過するときにおける公定歩合に年４％の利率を加算した利率

現状の相場だと、だいたい、２～３％が目安です。

万が一、会社が社長に貸付をしているにもかかわらず、社長から適正な利息をとらない場合は、その利息相当額が、その役員に対する給与とみなされ、課税されることがあるので注意が必要です。

◆個人が連帯保証人になれば会社は保証料を支払い、経費にできる

中小企業が、銀行などの金融機関から借入をする場合、社長が個人的に所有している不動産を担保として提供したり、社長自身が連帯保証人となることが多くあります。

このように社長個人が会社の債務保証をした場合、会社は社長に保証料を支払うことができ、適正な金額であれば、その全額を経費として計上することができます。

適正な保証料の算定基準としては、「営利を目的としない性質の保証」である場合、信用保証協会の最高保証料率（年1％）以下であれば、法人税法上、経費として認める裁判例（平成12年11月27日判決・宮崎地裁）がありますので、借入金の1％以下とすれば問題ないでしょう。

なお、社長が保証料を受け取った場合には、会社への貸付金利息を収受した場合と同様に、雑所得として社長個人の収入となり、所得税が課される場合があります。

◆社長が利息や保証料を受け取っても課税されないケースがある

社長が会社から借入利息、または、保証料を受け取ったとしても、それらの合計金額が20万円以下で、社長個人の役員報酬を低く設定している場合などは、利息や保証料に対し

社長が会社にお金を貸すとどうなるか

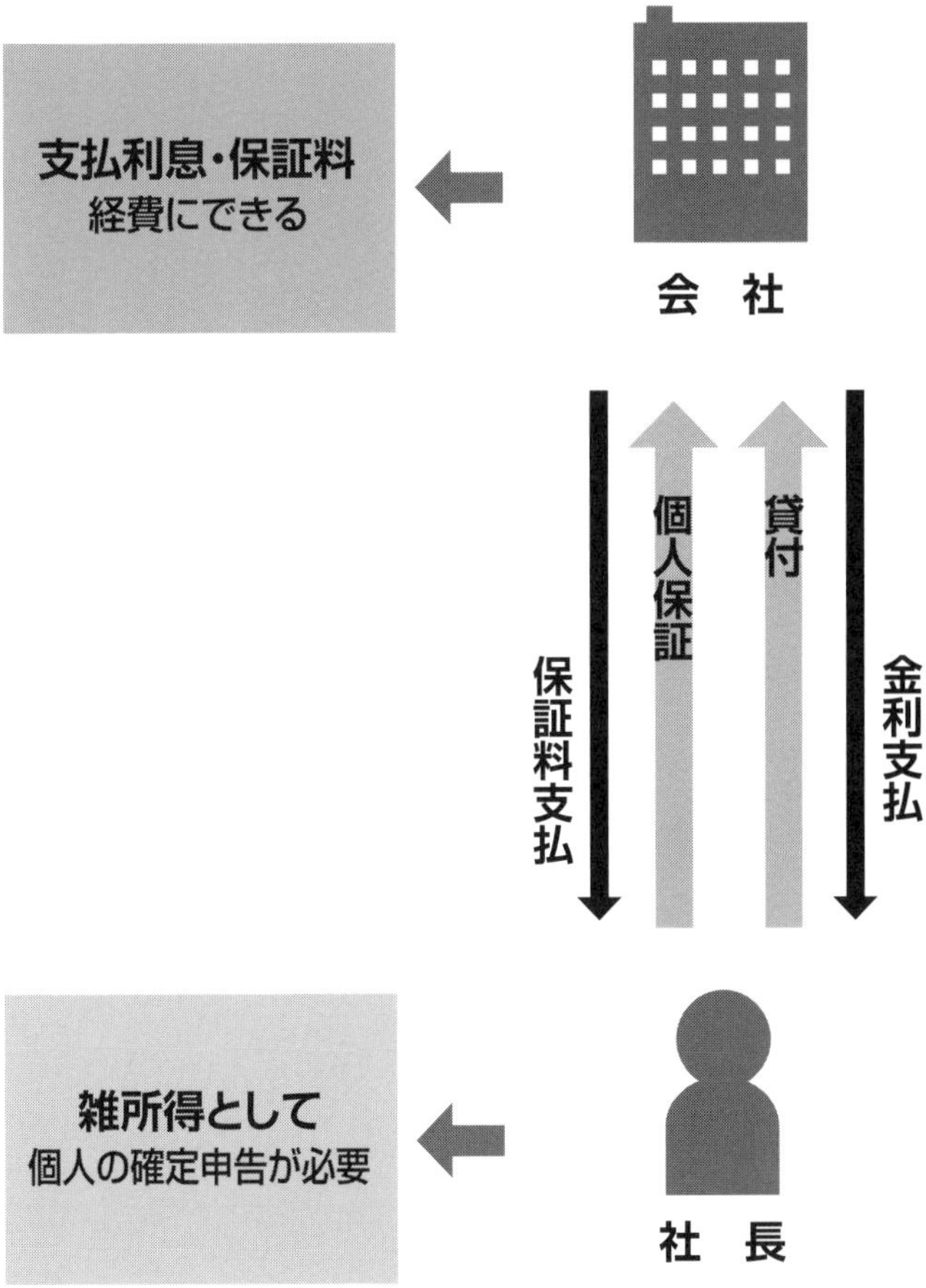

て所得税が課税されないケースもあります。

具体的には、次のようなケースです。

①収受する借入利息と保証料の合計金額が20万円以下で、社長の収入が一つの会社から受ける役員報酬のみである場合（確定申告は不要。同族会社は必要）

②収受する借入利息と保証料の合計金額が20万円以下で、社長個人に不動産所得等があり、収受する利息や保証料の金額以上の赤字がある場合（確定申告が必要）

これらに該当する場合には、社長は所得税が増加せず、かつ会社側では節税効果があり、非常に有利です。ぜひ検討してみてください。

2

個人の不動産を会社に賃貸する節税法

◆会社の利益を社長の収入にすることができる

個人の不動産を会社に賃貸することは、会社と個人の取引を使った有効な節税策の一つです。まずは、賃借する会社側のメリットを見ていきましょう。

①会社の利益の個人への移転

他人から物件を賃借すると、お金は外に出ていって終わりです。

これに対して社長個人から賃借した物件に対しての支払いは、同じく会社としてはお金が出ていきますが、その行先は社長個人の収入になります。同じお金が出ていくならば、第三者ではなく、社長の収入になった方がよいでしょう。結果的には、出ていっていないという見方もできるからです。

②コストダウン

他人から賃借を受けると、契約の更新を断られることもあります。また、契約を更新せず、移転する際、よくもめるのが現状回復費です。支払い額が高かったり、保証金や敷金から充当され、当てにしていたのに戻ってこなかったという経験がある方は多いはずです。

社長個人の不動産なら、契約の更新を断るということはあまりありません。社長の持ち物ですから移転することになっても納得がいきます。また、現状回復費が仮に発生しても、それを収受するのは社長個人となります。現状回復を工務店に依頼すれば、これは個人の不動産所得の経費計算の範囲内で処理することができます。

◆社長は青色申告特別控除を使って最大65万円節税できる

一方、社長個人のメリットは何でしょうか。

①不安を安心感に変えられる

まずは安心感があるのではないでしょうか。不動産を他人に貸すのは不安があるものです。「家賃をちゃんと払ってくれるのか」「借りてくれる人や会社はちゃんと契約を守ってくれるのか」「退去してほしいとき、ちゃんと出て行ってくれるのか」と何かと心配がつきまといます。この「ちゃんと」の不安がないのが自分の会社への賃貸です。この安心感は貸す側からすれば大きいでしょう。

②所得税の損益通算を利用できる

個人の収入を分散することで節税が図れることも大きなメリットです。

経営者は会社から役員報酬（給与所得）をもらっています。基本的に給与所得は、給与所得控除という部分で概算経費を考慮しているため、一定の方法によりその控除額は決まってしまいます。このとき同じ金額の収入を、給与と家賃収入とに分けてもらうと、賃貸不動産の経費を使うことによって節税効果が生まれるのです。

例えば、賃貸不動産で修繕費が発生し、その年の不動産所得が赤字になれば、給与所得と損益通算をして、給与所得で徴収された源泉所得税を戻してもらえる可能性があります。

不動産を貸さずに個人使用していた場合でも修繕費はかかるのですから、同じ修繕費を払うならば節税になる可能性がある方を選択すべきでしょう。

③青色申告制度を利用した節税

個人の確定申告の方法には白色申告と青色申告があります。青色申告は帳簿をつけることを条件に有利な特例を使える制度です。そして、不動産所得には、青色申告特別控除というものがあり、10万円（一定の要件を満たせば65万円）の控除が認められています。10万円（65万円）相当額を所得から差し引いてもらえるので、仮に不動産所得が12万円ならば、そこから10万円引いて2万円で申告することになります。これは青色承認申請書に必要事項を記入して提出することで受けることができます。

④相続時にも節税になる

社長が個人的に所有している不動産を空屋にしていた場合には、相続税上、建物は自用建物評価、土地は自用地評価になります。これに対して会社に貸し付けている場合には、貸家となることから建物は貸家評価、その建物の敷地は貸家建付地評価となります。

貸家評価及び貸家建付地評価は、自用建物評価及び自用地評価と比べると、評価額はより減額されるため、結果的に相続税の財産評価額を下げることになります。相続の発生時に節税につながるのです。

◆適用を受けるために届出の提出期限に注意しよう

このように社長が会社に不動産を貸して不動産所得が発生した時は、住所地の税務署へ一定の届出をしなくてはなりません。届出の中には提出期限があるものがあります。貸し始めた年から適用したい場合は、決められた期限までに書類を出さないと、その適用は翌年まで待たないといけないので十分な注意が必要です。

一方、会社で賃借時に行う手続きとしては、新規に事務所を設置するのであれば、税務署、県税事務所、市役所などに事業所設置の届出をします。もともと社長の自宅を本店所在地にして使用貸借をしていた場合などは、賃貸借契約に変更してもすでに届出が済んでいるので、追加で届出を提出する必要はありません。

◆過度に高額な家賃設定は税務調査で問題になる恐れも

社長と物件所有者がイコールであることは、取引に客観性が不足する可能性があります。一番のポイントは家賃です。過度に高額な家賃設定は、法人の利益を減少させる結果となり、税務調査でも問題になる恐れがあります。近隣の類似不動産の状況等を考慮し、多少の特殊事情なども加味したうえで賃料（時価）を決定することも必要です。

3

会社の役員社宅を借り上げる節税法

◆借り上げても、所有して賃貸しても会社の節税になる

会社が社宅をもつ場合、大きく分けて、二つの形態があります。いずれの場合も費用を生み出すという点で節税効果が期待できます。

①社宅となるべき物件を借り上げて、その物件を役員社宅として賃貸する方法

この方法は物件の所有者に対して支払った家賃等を費用とすることによって会社の利益を減らす効果があります。その社宅に居住する役員から一定額の家賃を収受する必要がありますが、受け取る家賃は支払金額の半額でよく、支払った家賃の半額を経費にすることができます。

②社宅そのものを会社で取得し、その物件を役員社宅として賃貸する方法

所有している場合は、その物件の減価償却費や借入金利子などが会社の費用になること

から、こちらの方法でも利益を減らす効果があります。

◆賃料の自己負担が少なく役員のメリットも大きい

役員自身も社宅に住むメリットがあります。

①比較的低い自己負担で住むことができる

社宅には事業活動の側面も含まれるため、会社で賃料の一部を負担することが可能になり、役員個人の自己負担額は個人で契約する場合より低くなります。

②現状回復費を支払う必要がない

社宅は、物件の所有者と会社とが賃貸契約を結んでいるため、仮に転居する場合でも、その時点で会社が物件所有者に現状回復費を支払う必要はないので、会社との契約内容次第ですが、現状回復費を払わないで済むこともあります。

③賃料分の役員報酬が節税になる

個人で賃貸契約をすると、当然、その賃料の全額を支払うことになります。ですから、その家賃を支払うために役員報酬も高く設定することになり、所得税や住民税の負担が増えることになります。ですから、役員社宅を利用することで、自己負担が減るため、役員

報酬の設定を抑えることができるようになり、結果として個人の税金の節税になります。

◆条件つきで家賃全額を経費にできる

会社が賃料の一部を負担することで、「比較的低い自己負担で住むことができる」ということは、会社が賃料を負担していない部分については、給与として課税されることになります。しかし、このとき1カ月当たり一定額の家賃を会社が受け取っていれば課税をしなくてもよいとされています。ですから、もし無償で賃貸する場合には、会社が所有者へ支払っている家賃の額が給与に課税されます。

それではこの一定額の家賃とはいくらなのでしょうか。

一定額の家賃は、貸与する役員社宅の床面積により小規模な住宅とそれ以外の住宅に区分して計算することになっています。例外として豪華な社宅は、時価（実勢価額）を会社に支払わないと給与として課税されてしまいます。

小規模な住宅は建物の耐用年数で分けて判断します。耐用年数が30年以下の物件については床面積が132㎡以下である住宅、耐用年数が30年を超える場合には99㎡以下の住宅を小規模な住宅をしています。

給与として課税されない一定額の家賃とは

●役員社宅が小規模な住宅である場合の家賃の算定
→AからCの合計額が一定額の家賃になる

A（その年度の建物の固定資産税の課税標準額）×0.2%

B 12円×（その建物の総床面積（㎡）／3.3㎡）

C（その年度の敷地の固定資産税の課税標準額）×0.22%

●役員社宅が小規模でない場合の家賃の算定

（1）会社所有の社宅の算定方法
→AとBの合計額の12分の1が一定額の家賃になる

A（その年度の建物の固定資産税の課税標準額）×12%（※）
※建物の耐用年数が30年を超えるときは10%

B（その年度の敷地の固定資産税の課税標準）×6%

（2）借受住宅の場合
→会社が物件所有者に支払う家賃の50%の金額と、（1）で算定した金額相当額とのいずれか多い金額が一定額の家賃になる豪華な社宅に該当するかは、床面積が２４０㎡を超えるもののうち、内外装の状況等の各種要素を総合勘案して判定します。また２４０㎡以下のものについては役員個人の嗜好を著しく反映したもの以外は小規模な住宅やそれ以外の住宅の計算で行います。

それぞれの家賃の算定は前ページのとおりです。

個人が契約者であり、その個人に住宅手当を支給する場合には、社宅としては取扱わず、給与として課税されることになります。物件所有者との賃貸契約は必ず会社で締結するようにしましょう。

また、礼金や仲介手数料などの支出に関しては、税務上ははっきりとした規定がありません。したがって全額を会社負担とした場合は、給与課税の問題になる可能性があります。

4

個人の土地を会社に貸す節税法

◆地代を経費にする方法がある

中小企業では、経営者が所有している土地に会社が建物を建てて、事業を行っているケースが少なくありません。ビルを借りて家賃を払うよりは、自分の土地があるなら、その土地を活用した方がいい、という考え方です。

このような場合、会社は無料で土地を借りていることが多いものです。これを使用貸借といいます。ですが、利益の出ている会社は、地代を経営者に払うことにより、その地代を経費にすることができます。

◆土地の貸借方法には注意が必要

土地の貸借には四つの方法があります。

①使用貸借方式
②権利金方式
③相当の地代方式
④無償返還方式

①の使用貸借方式は、地代は無料ですから、会社の節税にはなりません。

②の権利金方式は、通常、借地権の慣行のある地域では、土地を借りるときには、権利金を支払うことになります。地主が経営者個人であっても、土地を借りた会社から権利金の支払いがないと、借地人である会社は、土地所有者から権利金に相当する金額の贈与を受けたこととされます。これを、「権利金の認定課税」といいます。

そうなると多額の利益が生じ、会社は節税どころか多額の税金を支払うことになりかねません。かといって会社がそれだけの額の権利金を用意することは現実には困難なことです。ですからこの方法はお勧めできません。

③の相当の地代方式の場合は、権利金の認定課税をしないかわりに、それ相当の地代を支払うというものです。この相当の地代の額は、土地の更地価額の年6％とされています。

通常、相続税の評価額で計算することが認められているので、例えば土地の更地価額が

土地の無償返還に関する届出書

土地の無償返還に関する届出書

※整理事項	1 土地所有者 2 借地人等	整理簿	
		番号	
		確認	

受付印

平成　年　月　日

国税局長
税務署長 殿

土地所有者＿＿＿＿は、（借地権の設定等／使用貸借契約）により下記の土地を平成＿年＿月＿日から＿＿＿＿に使用させることとしましたが、その契約に基づき将来借地人等から無償で土地の返還を受けることになっていますので、その旨を届け出ます。

なお、下記の土地の所有又は使用に関する権利等に変動が生じた場合には、速やかにその旨を届け出ることとします。

記

土地の表示

所在地＿＿＿＿

地目及び面積＿＿＿＿　＿＿＿＿m²

	（土地所有者）	（借地人等）
住所又は所在地	〒 電話（　）　－	〒 電話（　）　－
氏名又は名称	㊞	㊞
代表者氏名	㊞	㊞

	（土地所有者が連結申告法人の場合）	（借地人等が連結申告法人の場合）
連結親法人の納税地	〒 電話（　）　－	〒 電話（　）　－
連結親法人名等		
連結親法人等の代表者氏名		

借地人等と土地所有者との関係!	借地人等又はその連結親法人の所轄税務署又は所轄国税局

20.06改正

１億円とすると、年間６００万円の地代を経費にすることができます。

　しかし、会社で大きく節税ができたとしても、今度は地代を受け取った経営者個人が、その分を地代収入として確定申告しなければならず、これでは節税につながりません。

◆大きな負担がなく、節税できる無償返還方式がオススメ

　そこで④の無償返還方式が有効です。権利金も支払わない、相当の地代も支払わない、かつ権利金の認定課税にもならないという方法です。近郊の通常の地代相当の金額を会社から地主である経営者個人に支払うだけです。これだと、会社では大きな負担をせずに地代を支払うことで、その分経費にすることができます。

　個人の側で不動産所得として確定申告をする必要がありますが、土地の固定資産税は経費にすることができるので大きな負担にはなりません。

　なおこの方式を採用するには、前ページの土地の無償返還に関する届出書を遅滞なく税務署に届けることが必要です。すみやかに行いましょう。

5 セカンドカンパニーを使った節税法

◆中小企業の軽減税率を利用する

日本の税法は、中小企業の優遇税制をとっているため、中小企業には税制上多くの特例措置があります。所得の少ない会社の方が、軽い税負担で済むのです。

そのため、セカンドカンパニーを設立して所得の分散を図ることも有効な節税策です。例えば、会社の製造部門と販売部門の分割、卸部門と小売部門の分割といった現状組織を機能別に分割する方法や、社長の資産管理会社を設立する方法などが考えられるでしょう。

では、セカンドカンパニー設立の方が、節税上有利になる特例措置とは何でしょうか。

まずは、交際費です。資本金１億円超の大会社では、使用した交際費飲食費の50％は経費にできます。一方、資本金１億円以下の会社では、年間の交際費８００万円か飲食費の50％を経費にできます。

つまり、別の中小会社をつくって交際費を分散すればそれだけ損金不算入が減り、節税になります（32ページ参照）。

◆所得の分散が節税につながる

次に法人税等は、超過累進税率により課税しますので、所得を分散することによって節税が図れます。

例えば、所得金額２０００万円の会社を二つに分割してそれぞれ１０００万円の所得金額になったとします。

法人税は、資本金１億円以下の普通法人の場合、８００万円以下が15％、８００万円超の部分が25・5％の税率なので、分割前の法人税４２６万円に対して、分割後は３４２万円（１７１万円＋１７１万円）になり、84万円の節税になります。

他にも、法人事業税や法人住民税等も課されるため、より多くの節税効果が期待できます。

会社設立に関する最低資本金の規制が撤廃され、セカンドカンパニーの設立が容易になっています。もちろん、やみくもに会社を設立すればいいというわけではありませんが、ある程度会社を分割することによって、節税が図れるということも知っておいた方がいいでしょう。

6 赤字子会社を清算する節税法

◆赤字子会社を解散、清算すれば欠損金を引き継ぐことができる

会社を継続するのが困難な状態になれば、営業譲渡やM&A等で会社を売却する方法や、会社を閉鎖する方法が考えられます。赤字会社であれば、キャッシュが外部に流出していくのをそのままにせず、すぐに解散して撤退するという選択肢もあるでしょう。

解散するには、株主総会で解散の決議を経て、解散することになります。その事業年度開始の日から解散の日までを1事業年度とみなし、それを解散事業年度といいます。

この解散に関して税法の改正があり、平成22年10月1日前解散と10月1日以後に解散で所得の計算方法が異なります。

平成22年10月前の解散の場合、解散の日の翌日から清算事業年度が開始し、その清算事業年度の所得、清算所得に対して法人税等が課税されていました。

清算所得＝残余財産の価額－（解散時の資本金等の額＋解散時の利益積立金）

一方、平成22年10月1日以後の解散は、この清算所得課税は廃止され、損益法で課税所得金額を計算する方法に改正されました。そのため売却時の売却益や債務の免除による債務免除益は課税されることになります。

ただし、通常の事業年度の損益計算と大きく異なるのは、残余財産がないと見込まれるときは、期限が切れた欠損金を繰り入れることができる点です。青色欠損金は9年を経過すると切り捨てられますが、その切り捨てられた部分を利益と相殺できることになりました。債務免除益が発生しても、その部分までは課税関係が発生しません。

また、１００％子会社がある場合、その親子関係が、残余財産が確定の日の翌日の属する事業年度開始の日の5年前からある場合は、その１００％子会社の繰越欠損金のうち、繰戻し還付や利益と相殺した以外の欠損金は、親会社に引き継ぐことができます。

◆解散の場合は社長に退職金を支給しよう

解散する場合、株主総会の決議等で役員退職金の決議をして、社長が退職金を受給すれば、それは給与所得でなく、退職所得の計算方法で所得税等の計算をすることになります。

退職所得＝（退職金－退職所得控除額）÷2

役員の在職年数、事業規模が類似する同業他社の法人、その他の事情を勘案して適正な役員退職給与額が算定されることになりますが、その適正額を超える部分は、過大役員退職給与となることもあります。

◆法人税が戻ってくることも

さらに、解散の日から1年以内に繰戻し還付の請求書を提出することで、解散の日前1年以内に終了した事業年度と解散事業年度の欠損金額を所得金額と相殺して法人税を戻してもらうことができます。ただし、この繰戻し還付の制度は、地方税にはありません。

7 グループ会社同士の合併を利用した節税法

◆赤字会社を清算すると節税どころか課税が生じる

事業を多角化し、複数の会社を経営しているオーナーはたくさんいらっしゃいますが、そのすべてが黒字会社とは限りません。

このような場合、合併を検討することがあります。

合併とは、二つ以上の会社が一つの会社になることです。中でも、一方の会社が消滅し、他方の会社に吸収されるという「吸収合併」が一般的に利用されています。

例えば、黒字会社（利益１００）が赤字会社（損失１００）を吸収合併することで、合併後の利益がプラスマイナスゼロになり、結果的に合併前より節税になることがあります。

また、一方は黒字会社で、他方の会社は休眠状態、ないしは経常的に赤字が発生していて清算を検討しているような例も多く見受けられます。

このようなケースで赤字会社に繰越欠損金がある場合、単純に清算すれば、この繰越欠損金は使えないまま会社は消滅してしまいます。また、固定資産や債権債務が多額に残っている場合、清算結了までには時間を要します。さらに、清算により残余財産を株主であるオーナーに分配する場合、配当を受けたオーナー個人に課税されることがあります（ただし100％子会社を清算する場合は、課税関係が異なることがあります）。

つまり、清算をすると、節税メリットがない上に、課税が生じることもあるのです。

◆合併をすると赤字会社の資産・負債を引き継ぐことができる

このようなケースでも、合併することによって清算によるデメリットを解消できます。

まず、適格合併に該当すれば、課税が生じることなく、赤字会社（消滅する会社）の資産・負債をそのまま引き継ぐことができます。

また、一定の要件を満たすことで、赤字会社の繰越欠損金を引き継ぐことができます。長年赤字が続いている会社の場合、繰越欠損金の額が膨らんでいることが多く、これを合併後の会社で利用することができれば、節税効果も大きくなります。

なお、繰越欠損金を利用するに当たっては制約があり、複雑な判定を要するケースもありますので、会計・税務の専門家に意見を聞くことをお勧めします。

◆合併は事業承継対策としても有効

合併は、事業承継対策として用いられることもあります。すなわち、オーナーの相続財産である自社株式の評価引き下げ効果が生じる場合があるからです。具体的には、以下の四つのケースが該当します。ただし課税逃れとみなされないよう、合併について経営上の合理的な理由が必要です。

①赤字会社との合併

自社株式を評価する際には、１株当たり配当・利益・純資産等が計算要素となりますが、赤字会社を吸収合併することで合併後の利益や純資産等が低くなれば、結果的に評価が下がることがあります。

②合併による会社区分の変更

会社の規模により、会社区分が大・中・小に分かれ、その区分により自社株式の評価方法が変わりますが、一般的には会社区分が大に近づくほど評価が下がる傾向にあります。

したがって、合併により会社区分が小から中、中から大に変われば、結果的に評価が下がることがあります。

③合併による業種区分の変更

会社の主たる収入項目により業種区分が決定され、これに基づいて評価額が算定されます。異なる業種の会社と合併することで、合併後の業種区分が変更になった場合、結果的に評価が下がることがあります。

④合併による特定の評価会社から一般の会社への変更

総資産に対して会社が保有する株式または土地の割合が高く、特定の評価会社（株式保有特定会社または土地保有特定会社）に当たる場合には、一般の会社に比べて自社株式の評価が高くなる傾向にあります。合併により総資産が増加し、株式割合または土地割合が下がれば特定の評価会社から一般の会社に変わり、結果的に評価が下がることがあります。

◆株式の50％超を5年超保有していれば要件をクリアできる可能性大

オーナーが合併する会社の株式の大部分（50％超）を、長期間（5年超）にわたり保有し続けている場合、合併による税制上の要件をクリアできる可能性は高いといえるでしょう。

ただし、会社によってケースバイケースですので、慎重な判断を要します。

また、合併の手続きは会社法に定められており、株主総会特別決議、債権者保護手続き、書面の備え置き等、形式的にクリアしなければならないことも多く、かつ登記にかかるコストも発生します。合併を行うに当たっては、手続き上のコストと節税効果を充分に比較検討したうえで判断することが重要です。

第4章

早めの準備がトク！相続の節税法

1

生命保険を使った節税法

◆生命保険は相続税対策の王道

社長が亡くなった場合、残された遺族は会社を引き継ぐとともに、相続税の申告と納税に直面します。相続税は、法人税や所得税のように利益に課税されるのではなく、亡くなった時点での財産に課税されるため、遺族が税金を納めるのに苦慮することが少なくありません。そこで活用したいのが生命保険です。生命保険に加入しておくことで、保険金が支払われ、納税資金になります。また、生命保険には節税上のメリットがあるなど、相続対策にすぐれています。順に紹介しましょう。

①非課税枠が設けられている

妻や子ども（相続人）が受け取った生命保険金のうち、社長（被相続人）が負担した保険料に相当する部分は、遺族の生活保障等を考慮して、次の金額が非課税とされています。

生命保険金の非課税金額＝５００万円×法定相続人の数

②生前贈与に近い働きをする

受取人や受取額が生前に指定できるため、分割が容易で、相続人間のトラブル防止に効果的です。

③残された遺族の生活資金になる

遺族が不動産や同族会社の株式を相続した場合、処分が難しいことに加えて、維持費もかかります。そのような資産は、かえって遺族の日常生活に負担を与えかねません。このようなとき、生命保険は遺族の生活資金になります。

④リスクを計算できる

必要な保障額に対して保険料はいくらと、費用の総額を加入時点で計算できます。

⑤税務署とのトラブルが少ない

極端に行き過ぎた税金逃れの保険加入をしない限り、税務上の問題は起こりません。

◆会社契約の保険に入り、死亡退職金として遺族に支払う

前述したように、生命保険は役員への退職金として活用できます（82ページ参照）。

会社が保険料が経費となる保険契約を結び、解約返戻金が最高額になった頃を見計らって解約し、その資金を退職金にあてるというものです。その一方、解約をしないでいれば、被保険者である社長が万が一亡くなった場合、その保険金を受け取ることができます。

この場合、保険金は会社の方へ入ってしまいますが、その中から遺族へ死亡退職金を支払った場合には、先ほどの生命保険金の非課税枠のように、次の金額については、相続税がかからない非課税の規定が設けられています。

死亡退職金の非課税金額＝５００万円×法定相続人の数

現預金が豊富にあり、いつでも退職金の支給が可能な会社であれば問題はありませんが、そのような状況になければ、会社の節税、相続税の納税資金の確保のためにも、生命保険の活用を検討することは有効ではないでしょうか。生命保険は、必ず現金で支給を受けることができるので、納税を考えるとこの非課税の規定は非常に有利だといえるでしょう。

◆高齢でも加入できる保険を利用する

最近では高齢の方でも入れる保険も発売されています。

ただし、保険料が高額になるのと、保険料に対してほとんど上乗せがなく、例えば、

９９０万円の保険料で、１０００万円の保険金が支払われるような商品がほとんどです。
ですが、この場合でも非課税の規定を考えると有利だといえるでしょう。現金で９９０万円をもっていれば、その９９０万円はそのまま相続税の課税対象になりますが、保険金で１０００万円を受け取って、相続人が二人いれば、非課税金額が５００万円×二人で１０００万円になり、そのまま現金で残ります。

高齢になるまで、保険に加入されていなかったような方や、保障が少なく、非課税の枠にまだ余裕があるような方は、一度検討されてみてはいかがでしょうか。

◆贈与税の非課税枠を活用する

生命保険料を贈与するという手法も節税策になります。

つまり贈与税の非課税枠（暦年贈与で年１１０万円）を利用し、被相続人予定者が保険料を妻や子に贈与して、これを資金として妻や子が自分を受取人とする生命保険に加入し、保険料を支払えば、被相続人が死亡しても、受け取った保険金については、相続人は課税されません。一時所得として、所得税や住民税がかかりますが、２分の１の課税なので、高額になることはありません。

2

弔慰金と死亡退職金を使った節税法

◆役員退職金規定、弔慰金規定を必ずつくろう

同族会社のオーナー経営者は、相続対策の一部として会社から支給される役員退職金をうまく活用することを考えたいものです。

ここでは、役員に支給される退職金のうち、死亡したことが原因となり支給される「死亡退職金」及び「弔慰金」の節税のポイントを見ていきましょう。

まずは、死亡退職金・弔慰金を支払う場合の注意点です。

死亡退職金の額は、役員退職金、弔慰金などにより決められます。役員退職金支給は、一種の節税策であるため、過大な役員退職金は税務署により否認されるおそれがあります。

また、支給基準を明確にした規定の作成がないと税務調査で損金処理に根拠がないと指摘されるおそれがあります。顧問税理士と相談のうえ、客観的な支給基準をしっかり決め

て、役員退職金規定、弔慰金規定を必ず作成しておくことが大切です。
一方、弔慰金の額は、役員退職金と明確に区分・支給し、社会通念上相当な金額である場合に限り損金の額に算入されます。

◆役員退職金の功績倍率は1～3が一般的

次の範囲内であれば、一般的に退職金・弔慰金は法人の損金の額に算入して処理することが可能です。

①役員退職金の目安

同族会社などでは、役員退職金の適正額の判断として一般的に功績倍率方式が用いられています（78、97ページ参照）。

役員退職金＝最終の月額報酬×在任年数×功績倍率

功績倍率は支給される者の功績を同業種・同規模他社と比較して定めます。一般的には1～3程度といわれています。実際には顧問税理士と相談のうえ、支給基準を定めましょう。なお、退職金のうち不相当に高額な部分の金額は損金不算入となります。

②弔慰金の目安

死亡退職金と同様に死亡に際して弔慰金が支払われることがあります。法人税法では、社会通念上相当な金額であると認められる弔慰金は損金の額に算入されます。

この「社会通念上相当な金額」については、特に定めはありませんが、相続税法に規定されている次の金額が目安にされています。

A　業務上の死亡の場合→役員報酬月額の3年分

B　業務上以外の死亡の場合→役員報酬月額の6カ月分

◆死亡退職金の一部を弔慰金で支払うと節税上のメリットになる

死亡退職金の額は通常の役員報酬を基礎として計算されています。税務署に否認されずにできる限り多くの死亡退職金を支給するためには、役員報酬の額を下げないことがポイントです。

一方、弔慰金は支払った会社には損金、受け取った遺族には非課税財産となります。遺族に支払う際、死亡退職金の名目だけで支給するのと、一部を弔慰金で支給するのとでは、総額が同じでも相続財産に加算される額は異なります。弔慰金を有効に活用しましょう。

◆死亡退職金は相続税の課税対象になり、弔慰金はならない

被相続人が死亡退職して退職金が支払われた場合に、その退職金を受け取った遺族は、その退職金を相続により取得したものとみなされるため、相続税の課税対象となります。

ただし、支給の確定時期により異なります。

A　死亡後3年以内に支給の確定した退職金→相続財産となり相続税課税
（生前に支給が確定していたものは死亡退職金ではありません）

B　死亡後3年経過後に支給の確定した退職金→受け取った遺族の一時所得となり所得税課税

弔慰金は原則として課税対象となりません（非課税財産となります）。

ただし、社会通念上相当な金額を超えると認められる場合には、退職金の額に含めて、その退職金の額が不相当に高額かどうかの判定を行うこととなります。

遺族が受け取った死亡退職金については、相続税の計算をするとき「500万円×法定相続人の数」までは非課税となり退職金から控除できます。

◆死亡退職金は株価引き下げにも効果あり

死亡退職金・弔慰金を多く出すことにより、次の効果も期待できます。

①純資産価額方式での株価を計算する場合、死亡退職金を未払いとして負債に計上できるため株価引下げの要因になる

②弔慰金を有効に活用することにより納税資金の確保にもつながる

このように死亡退職金・弔慰金は、遺族の方の生活保障や相続対策として非常に有効な方法です。ぜひ活用していきましょう。

弔慰金・死亡退職金の税務上の扱い

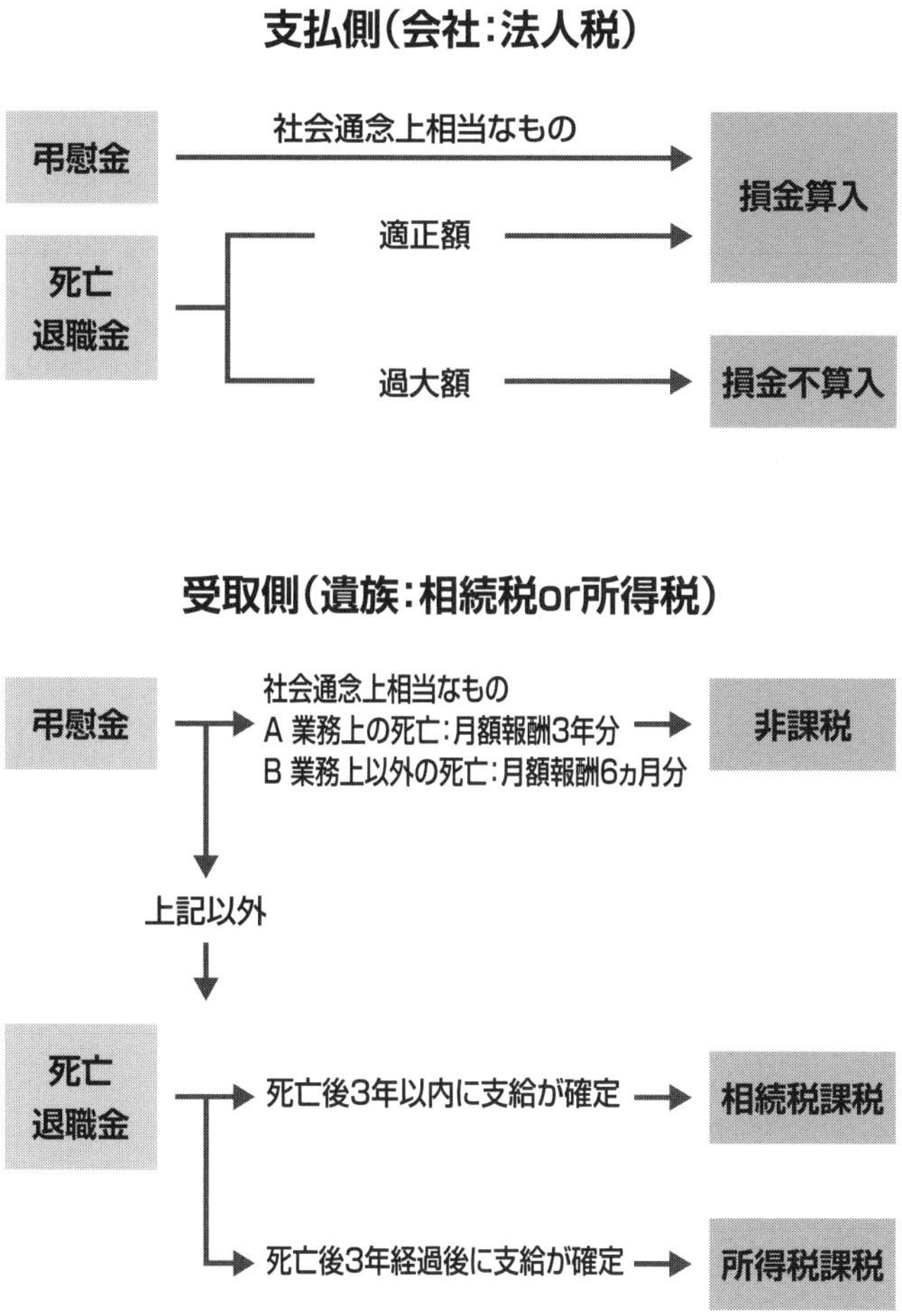
支払側(会社:法人税)
弔慰金
社会通念上相当なもの
損金算入
死亡退職金
適正額
過大額
損金不算入
受取側(遺族:相続税or所得税)
弔慰金
社会通念上相当なもの
A 業務上の死亡:月額報酬3年分
B 業務上以外の死亡:月額報酬6ヵ月分
非課税
上記以外
死亡退職金
死亡後3年以内に支給が確定
相続税課税
死亡後3年経過後に支給が確定
所得税課税

3

遺言による贈与契約を使った節税法

◆調停の7割が遺産総額5000万円以下のトラブル

平成24年に発生した相続のうち、相続税の申告があったケースは約４%です。

とはいえ、遺産の分割については、相続が発生したすべての方々にかかわる問題です。相続人の間で遺産分割の話し合いがまとまれば問題はありませんが、まとまらない場合には家庭裁判所に調停を申し立てることになります。この調停の件数と遺産総額の関係を見ると、遺産総額１０００万円以下の割合が約30%、１０００万円から５０００万円以下の割合が40%、つまり全体の調停件数のうちの７割が、遺産総額５０００万円以下の方で占められています。すなわち、一部の資産家だけではなく、一般家庭でも遺産分割のトラブルが発生しているのです。

遺産分割のトラブルが増加している背景には何があるのでしょうか。

①核家族化や高齢化により、親族間のコミュニケーションが希薄となっている
②インターネットなどにより、さまざまな情報を容易に入手でき、その結果各相続人が自分の権利を主張する傾向が強まっている
③不況による収入減のため、親の財産に頼らざるを得ない

このようなことが理由に挙げられ、この傾向は今後ますます強まっていくと思われます。

◆遺言書が有効な六つのケース

こうしたトラブルを未然に防ぐ有効な手段として遺言書の作成があります。

①財産の大半が不動産である
②家を継ぐ長男に多くの財産を相続させたい
③世話になった息子の嫁に財産を渡したい
④子どもたちの仲が悪い
⑤相続人の配偶者（嫁や婿）の主張が強い
⑥子どもがいない夫婦の場合、配偶者に確実に財産を譲ることができる（被相続人の兄弟姉妹に遺留分はない）

法定相続分と遺留分

相続人		法定相続分	遺留分
配偶者と子	配偶者	1/2	1/4
	子	1/2	1/4
配偶者と父母	配偶者	2/3	1/3
	父母	1/3	1/6
配偶者と兄弟姉妹	配偶者	3/4	1/2
	兄弟姉妹	1/4	なし

特にこういったケースでは、遺産分割協議でもめることが非常に多く、遺言書を作成しておくべきでしょう。遺言書を残すことによって、親の意向（誰にどの財産を渡したいのか）を明確にすることができるからです。

また、贈与により財産を渡す場合は、財産を渡す側（贈与者）ともらう側（受贈者）双方の合意が必要ですが、遺言では財産を渡す者（遺言者）のみの意思表示で成立します。

さらに、特定の相続人に多くの財産を残したい場合、その旨の遺言書を作成することにより、他の相続人が主張できる取り分を抑える効果もあります。遺産分割の協議がまとまらない場合、多くのケースでは最終的に法定相続分での分割となってしまいます。法定相続分とは、民法の規定に従って各相続人が相続する遺産の取り分のことです。これに対して遺留分とは、民法が保証している相続人が最低限もらえる財産の割合をいいます。遺留分は、通常、法定相続分の２分の１です。遺言書を作成することで、意に沿わない相続人の相続分をこの遺留分に抑えることができるのです。

◆遺産分割が決まらないと節税策が使えない

遺言書がない場合、相続人間で遺産分割協議をする必要があります。このとき協議がまとまらなかった場合のデメリットを考えてみましょう。

①小規模宅地等の評価減、配偶者の税額軽減の適用がない

被相続人の居住の用、または事業の用に供されている土地については一定の割合で相続税の評価減があります（１６３ページ参照）。また、配偶者が財産を相続する場合、大幅な相続税の軽減がありますが（１６０ページ参照）、分割がまとまらない場合、これらの特例を受けることができません。

この場合、相続税の申告期限までに特例の適用を受けない形で一旦相続税を払い、そし

て、申告期限から3年以内に分割がまとまれば、遡《さかのぼ》って適用を受けられ、払い過ぎた相続税は戻ってきます。

②土地の売却や物納ができない

分割がまとまらなければ土地の売却や物納ができません。相続税の納税計画に大きな支障が出ることになります。

③農地の納税猶予が受けられない

農地については相続税の納税猶予が受けられますが、協議がまとまらない場合は受けられません。その後の農業経営が難しくなることも考えられます。

このように、分割協議がまとまらなければ相続人のその後の生活に多大な影響がでることになります。これらのリスクを回避する意味でも遺言書の作成が大切です。

◆相続税の納税も視野に入れて作成しよう

遺言書は遺言者の意思にのみ基づいて作成することができますが、その内容によってはかえって争いの火種となってしまうケースもあります。遺言書作成に当たっては、少なくとも、以下のポイントを考慮するようにしてください。

①相続税の納税が発生しそうな場合、各相続人の納税手段を確保できていますか

②相続後の各相続人の生活費の確保は大丈夫ですか

③各相続人の遺留分を満たしていますか

④遺言執行者を指定していますか

⑤相続人の取り分に差がある場合、その理由を遺言書に記していますか

遺言書は残された家族に対するあなたの思いやりの表明です。自らの意思を明確にし、家族に負担をかけず、決してもめることのないように作成しておきましょう。

4

遺産分割を工夫した節税法

◆遺産分割の四つの方法

相続人が複数いる場合、相続財産を各相続人に分配するための遺産分割が必要です。遺言により相続財産についての具体的な分割方法が指定されている場合を除けば、相続人全員の話し合い、いわゆる遺産分割協議によって、相続財産の分け方を決めていくことになります。

遺産分割には、主に次の四つの方法があります。

①現物分割

「自宅は妻へ、不動産は長男へ、預貯金は長女へ」というように、相続財産を現物で分配する方法です。遺産分割の原則的な方法であり、最もわかりやすい方法です。

②換価分割

相続財産を売却して金銭に換え、その金銭を分配する方法です。

現物ではなく金銭での分配のため公平な分配が可能ですが、売却費用や譲渡税などの負担を考慮する必要があります。

③代償分割

「長男が不動産すべてを取得する代わりに、長男が次男に２０００万円を支払う」というように、財産を取得した相続人がその代償として、他の相続人に金銭を支払う方法です。

④共有分割

相続財産を複数の相続人が持分を定めて共有取得する方法です。公平な分配が可能ですが、共有で取得した財産は、単独での利用や処分が自由にできないなど、権利関係が複雑となることから、共有分割は慎重に行う必要があります。

◆不動産の分割を工夫すれば節税になる

不動産に関する遺産分割の工夫を見てみましょう。

①土地の分割方法を工夫しましょう

土地の評価は、取得者ごとかつ利用単位ごとに評価することを原則としています。

したがって、取得者ごとに土地の評価が行われることを利用して、評価額を下げることができます。ただし、分割後の土地を通常の用途として利用することができないなど、その分割が著しく不合理であると認められると、分割前の土地単位で評価されることになるので、分割の仕方に注意が必要です。

②広大地の評価を検討しましょう

広大地とは、周辺の宅地の地積に比べ著しく地積が広大な宅地で、宅地開発を行う場合に道路等の公共的施設を設置する必要があるなど、一定の要件を満たす土地をいいます。

広大地に該当するかどうかは、専門家の判断が必要となりますが、地積が１０００㎡以上（三大都市圏では５００㎡以上）の土地については、広大地に該当するような分割方法を検討すべきでしょう。広大地として認められると通常評価に比べ、約40～65％の評価減を受けることができ、大幅に評価額を下げることができます。

また、複数の道路に面しているため、宅地開発の際に道路等の公共的施設を設置する必要がないとして広大地に該当しない場合でも、分割方法を工夫することで広大地に該当する可能性があります。

③二次相続を考慮しましょう

小規模宅地の特例とは

被相続人の利用状況	相続する人	継続の有無	減額割合	上限面積
居住用	配偶者	居住継続	80%減	240㎡
		非継続		
	同居親族	居住継続		
		非継続	減額なし	
事業用	親族	事業継続	80%減	400㎡
		非継続	減額なし	
不動産貸付用	親族	不動産貸付継続	50%減	200㎡
		非継続	減額なし	

相続人に配偶者がいる場合には、今回の相続（一次相続）だけではなく配偶者の相続（二次相続）を見据えた分割が必要となります。一次相続で節税できても二次相続で税額が増えてしまっては、本当の意味での節税とはいえません。二次相続での節税を考えると、将来値上りが予想される土地や、賃料収入が見込める賃貸物件などは、配偶者以外の相続人が取得することを検討すべきでしょう。

◆小規模宅地等の特例を受ければ最大8割の評価減に

小規模宅地等の特例とは、被相続人が自宅として住んでいた土地や事業の用に供していた土地について、一定の面積までは評価額を80％、または50％減額できる制度です。

最大80％減額できるこの特例をどの土地で適用するのかは、相続人が自由に選択することができます。また、上限面積までは複数の土地で選択することも可能です。

配偶者には相続税を軽減できる優遇規定が設けられていることから、一般的には配偶者以外の相続人がこの特例を受ける方が有利と考えられます。なお、小規模宅地等の特例は、以前から適用要件が厳格化されているので注意が必要です。

◆売却予定の不動産は配偶者以外に分割すると有利

不動産を譲渡する場合には、譲渡益に対して税金が課されます。先祖から引き継いだ土地を売却する場合には、売却金額の大部分が譲渡益となってしまいます。相続した不動産を売却することが予想されるときには、相続税だけでなく譲渡時の税金も考慮して遺産分割を行う必要があります。節税のポイントを紹介しましょう。

①売却予定の不動産が被相続人の居住用で使われていた場合

「居住用財産を譲渡した場合の３０００万円の特別控除」など、居住用財産を譲渡した場合の優遇規定を受けることができるように、被相続人と同居していた相続人が取得することを検討すべきでしょう。

②相続税額の取得費加算の特例を適用する

相続により取得した土地を相続税の申告期限から3年以内に譲渡した場合には、相続税額のうち一定金額だけ譲渡益を減額することができます。

取得費加算の金額は、次のように相続税額を按分した金額となっています。

相続税額×相続により取得した土地の評価額／相続財産の評価額

したがって、売却予定の不動産は、相続税額が軽減される配偶者ではなく、配偶者以外の相続人が取得することを検討すべきでしょう。

5

再婚を使った節税法

◆1億6000万円もしくは法定相続分まで税金がかからない

配偶者は相続をしても税金がかからないとよくいわれます。これは配偶者が財産形成に貢献していることや、短期間に相続税を二重課税してしまうことを回避するための制度が設けられているからです。

ただし、相続税がかからないというのは厳密には正しくはありません。相続税の配偶者控除によって結果的に相続税がかからない場合もあるということです。配偶者が相続により取得した遺産額は、次のどちらか多い金額までは相続税がかかりません。

①1億6000万円

②配偶者の法定相続分相当額

したがって、相続人が妻と子であれば、配偶者の法定相続分は2分の1となるので、妻が取得した遺産額を限度として、①1億6000万円と、②課税価格の2分の1のどちらか大きい金額までは相続税はかかりません。

ところが、配偶者に先立たれた方や離婚された方などのように、何らかの事情によって配偶者がいない方は、相続税の計算上、この「配偶者の税額軽減」を受けることができません。他にも、配偶者がいる場合の相続税上のメリットは次のとおりです。

- **基礎控除が一人分増える**
- **生命保険金や退職金の非課税枠が一人分増える可能性がある**
- **相続税率が下がる可能性がある**
- **二次相続までの時間稼ぎができるので、その間に相続税対策を行える**

なお、配偶者には、内縁関係にある妻や愛人は含まれません。婚姻届を提出して法的に正式な夫婦になった人だけが配偶者として認められます。

◆再婚のススメ!?

したがって、相続税対策上、配偶者がいない方にとっては、「再婚」が究極の節税対策になり得ます。いったん納税する相続税が2分の1にできる、という意味では、まさに究極の節税策です。もちろん、相続した配偶者が将来亡くなれば、相続税がかかります。その意味では時間稼ぎの手段に過ぎないかもしれません。しかしながら、配偶者がいることのメリットが組み合わさって、結果的に大きく節税できたというケースもあるので、「再婚」の可能性がある方は、検討されてみてはいかがでしょうか。

◆遺産分割を考えると諸刃の剣になることも

相続税上は、究極の節税対策になり得る再婚ですが、遺産分割を考えるうえでは諸刃の剣になりかねません。特に前妻との間に子どもがいるケースでは、遺産分割でももめる可能性が高まります。子どもからしてみれば、財産を後妻が相続すること自体に反対するケースも多いからです。また、後妻との間に子どもがいるケースや、後妻に連れ子がいるケースでは、感情的になりやすく、もめる可能性は高まります。

最後に、再婚する場合は、前妻との間の子どもを、後妻と養子縁組することを忘れずに行いましょう。後妻が財産を相続した場合、後妻の相続人には前妻の子どもは入りません。前妻の子どもに将来財産を相続させたい場合は、生前に前妻の子どもと後妻を養子縁組することを行っておきましょう。

6 事業用の土地の節税法

◆事業に支障が出ないよう特例が設けられている

事業の用に供されている土地が相続の発生で事業とともに相続された場合、土地の評価額が高いと相続税が払えず、事業の基盤になっている土地を売却しなければならない——そのような事態を避けるため、特定事業用宅地等、特定同族会社事業用宅地等、貸付事業用宅地等に該当する小規模宅地等については、一定面積まで一定割合が評価減される規定が設けられています。

それぞれについて見ていきましょう。

◆特定事業用宅地等は8割評価減に

特定事業用宅地等とは、次のいずれかに該当する宅地等をいいます。

事業用の小規模宅地等の特例

対象地	適用面積(㎡)	減額割合(%)
特定事業用宅地等	400	80
特定同族会社事業用宅地等	400	80
貸付事業用宅地等	200	50

①被相続人の事業の用に供されていた宅地等で、その宅地等を取得した親族が相続税の申告期限までに事業を承継し、申告期限まで引き続き宅地等を保有し、かつその事業を営んでいること

②被相続人と生計を一にしていた親族の事業の用に供されていた宅地等をその親族が取得し、相続税の申告期限まで保有し、かつ相続開始前から申告期限まで引き続き自己の事業の用に供していること

※事業には、不動産貸付業、駐車場業、自転車駐車場業及び事業と称するに至らない不動産の貸付は含まれません。

◆特定同族会社事業用宅地等は8割評価減に

特定同族会社事業用宅地等とは、相続開始直前において被相続人及び被相続人の親族等で50％超保有されている法人の事業の用に供されていた宅地等を、相続税の申告期限においてその法人の役員に該当する親族が取得し、申告期限まで引き続き有し、かつ法人の事業の用に供しているものを指します。

この事業には、不動産貸付業、駐車場業、自転車駐車場業及び事業と称するに至らない不動産の貸付は含まれないことは、特定事業用宅地等と同じです。

◆貸付事業用宅地等は5割評価減に

貸付事業用宅地等とは、次のいずれかに該当する宅地等をいいます。

①被相続人の貸付事業の用に供されていた宅地等で、その宅地等を取得した親族が、貸付事業を相続税の申告期限までに承継し、申告期限まで引き続きその宅地等を保有し、かつ、貸付事業の用に供していること

②被相続人と生計を一にしていた親族の事業の用に供されていた宅地等を、その親族が取得し、相続税の申告期限まで保有し、かつ相続開始前から申告期限まで引き続きその宅

地等を自己の貸付事業の用に供していること

この場合の事業とは、不動産貸付業、駐車場業、自転車駐車場業及び事業と称するに至らない不動産の貸付をいいます。ただし、相当の対価を得ない貸付、使用貸借については除かれます。

◆事業用の土地は事業の後継者が取得することが大前提

この特例に関しては、平成22年4月1日以後発生した相続については以下のような改正が行われたので、注意が必要です。

①相続人等が相続税の申告期限まで事業継続しない宅地等は適用対象外になった

②宅地について共同相続があった場合には、取得者ごとに適用要件を満たしているかどうかで判定することになった

③一棟の建物の敷地の用に供されていた宅地等のうち一部居住用がある場合には、居住用と事業用に分けそれぞれで軽減割合を計算することになった

事業用の土地の評価減の適用を受けるには事業を引き継ぐ者が、その土地を相続することが大前提です。事業用の土地は後継者に取得させることが有効な節税策になるのです。

7 孫への贈与を使った節税法

◆年間110万円以下であれば、無税で贈与可能

孫への贈与を使った節税は知っておくと便利です。

通常、相続財産を子や孫へと移転させる場合、相続税が「親から子」「子から孫」へと2回課税されます。しかし、親から孫へと直接贈与することで、相続税の課税を1回分減らすことができます。

また、被相続人が亡くなる3年以内の生前贈与については相続財産とみなされ、「相続税」の課税対象となりますが、孫やひ孫は法定相続人ではないため、代襲相続人である場合を除き、課税の対象外となります。

つまり、孫への贈与は基礎控除額の年間１１０万円以下であれば、無税で贈与できるのです。

◆タイミングと金額を見極める

ただ、孫への贈与を税務署に認めさせるには、渡すタイミングと金額に気を配る必要があります。

教育資金を例にとると、4月に入学金30万円と前期授業料70万円の計１００万円、9月に後期授業料70万円であった場合、4月と9月、それぞれに授業料相当分が祖父母の通帳から出金されていれば問題ありません。

しかし、4月に１７０万円一括で渡されていたり、大学4年間の授業料がまとめて出金されていたりすると、「別の用途に使用が可能だった」と税務署にみなされ、贈与税の課税対象となる恐れがあります。

このような事態を避けるためには、1円単位まで授業料と合わせた金額を祖父母の口座から引き出し、記帳して証拠を残す方がよいでしょう。

◆教育資金一人あたり１５００万円までが非課税

「教育資金」として孫一人に、総額１５００万円までを非課税で贈与する方法もあります。

これは「教育資金の一括贈与に係る贈与税非課税措置」という制度で、贈与者が孫の名義で信託銀行などの金融機関に口座を開設する必要があります。

これまでも祖父母が孫の教育費を出すことは、社会通念上の必要な資金として認識され、課税されることはありませんでした。ですが、法律の改正により、孫が30歳になるまでなら、祖父母が一括で預けた金額を何度でも出し入れできるようになったのです。

同制度を活用するために注意すべきは次の2点です。

①平成27年12月31日までの限定的な措置である

②非課税枠1500万円のうち、孫が30歳になるまでに使い切れなかった金額は、贈与があったとみなされ、贈与税の対象となる

さらに「教育資金非課税申告書」を納税地の税務署長に提出することが必要です。

金額を口座から引き出すときにも、教育資金の支払いに充当したことを証明する書類（領収書や支払証明書）を口座開設の金融機関に提出しなければなりません。

第5章

相続とセットで考える！
贈与の節税法

1

贈与税の非課税枠を活用した節税法

◆年間１１０万円の無税の贈与枠を活用しよう

平成25年度の税制改正では、相続税の大幅改正が打ち出されました。基礎控除額が今までの６割に引き下げられ、相続税率も財産額に応じた段階的な引き上げとともに、最高税率が55％に引き上げられました。今後、相続が発生したときに、これまで以上に相続税が重くのしかかってきます。

相続税を減らす最大のポイントは、生前から贈与等によって財産を減らすことです。

そこで、まず取り組みたいのが、年間１１０万円までなら、贈与税は無税という特典（暦年贈与）を活用することです。年間１１０万円は少ないと感じるかもしれませんが、これは贈与を受けた人一人当たり年間１１０万円ですから、10年経つと１１００万円。子どもだけでなく、孫にも贈与できるので、５人だと10年で５５００万円にもなります。

暦年贈与の注意点

①贈与した事実の証拠を残すこと

- 預金間で振込をする
- 契約書を交わしておくことがベター

②贈与を受けた人が保管活用していること

- 贈与をした人が通帳や印鑑を管理しない
- 贈与を受けた人が自由に使っている

③毎年同じ金額にしないこと

◆贈与の証拠を残しておくことがポイント

この方法を使った場合、相続税の税務調査で問題になるのが、実際に贈与が行われたかどうかという点です。相続財産が減っていることを証明しなければなりません。

まずは、贈与する人と贈与される人の預金間で、引き出しと入金が一致していることがポイントです。その証拠を残しておきましょう。また、お互いの預金はお互いに保管しておくことです。通帳を一括管理していると、贈与が認められません。さらに、毎年いくらかでも金額を変えておくことをお勧めします。さもなければ、定期贈与契約といって、贈与した合計額を分割贈与したものとみなされるからです。

なお、相続開始前3年以内の贈与財産は、相続財産に組み込まれるので、早めに贈与を実行することが大切です。

◆配偶者への２０００万円贈与を活用しよう

婚姻期間20年以上の配偶者へは、贈与上の特典があります。これは、居住用の土地建物の贈与、または居住用不動産購入のための資金の贈与に対しては、夫と妻のどちらの側からでも２０００万円まで無税の配偶者贈与を認めるものです（詳細は１８３ページ参照）。

この特典を利用する際、金銭よりも不動産の贈与をお勧めします。土地や建物の贈与税の評価は、通常時価よりも低く評価されるからです。土地だと時価の80％程度、建物だと固定資産税評価となるので、時価の60％程度になります。

また土地建物は、同じ割合で夫婦共有名義にすることです。将来万が一売却することになったとき、居住用として、夫婦ともに３０００万円控除を適用できます。

◆贈与税がかからない財産とは

扶養義務者が子どもや孫の生活費や教育費を贈与しても、贈与税はかかりません。ここでいう扶養義務者とは、配偶者、直系血族、兄弟姉妹、三親等以内の親族で生計を一にするものをいいます。通常の社会常識の範囲で行われている限り認められます。
大学の入学金や授業料、結婚費用、塾等の学習費用、もちろん生活費も非課税です。

◆節税になるか課税になるかの見極めが必要

業績不振で、赤字を抱えている会社は、税務上欠損金を抱えています。この赤字会社を援助するために金銭や財産を贈与しても、欠損金の範囲内であれば、会社には税金はかかりません。税務上の欠損金は現在7年間繰り越せることになっていますが、中小企業の場合は、平成23年度の税制改正で9年間まで延長されることになりました。

しかし、個人が法人に資産を贈与した場合、その贈与があったときの時価相当額により資産の譲渡があったとみなされ、譲渡所得税が課税されます。同族会社に無償で財産の提供をした場合も、その財産を提供した者から他の株主へ、株式の価額のうち増加した部分に相当する金額の贈与があったものとみなされます。このように一概にすべてが節税になるとはいえないので、注意が必要です。

2

地代をタダにして親の土地に家を建てる節税法

◆使用貸借になれば課税は生じない

大都市周辺では、新築一戸建を購入しようとすると、多額の資金が必要になります。資産家の方であれば、子どもが家を建てる際、せめて土地分くらいの費用をもってあげたいと思うのが、親心です。

そのようなとき、「子どもに土地をタダで貸しても、税金はかからない」という話を耳にしたことはないでしょうか。この話は正しいのでしょうか。そして、本当に税金はかからないのでしょうか。答えは条件付きでイエスです。

税務上、親が子に土地をタダで使用させた場合、「使用貸借」として取り扱われます。この場合、親から子へ、土地の使用権（借地権）の贈与があったとはされず、贈与税をはじめ、税金が課税されることはありません（１２１ページ参照）。

使用貸借と賃貸借の関係（親子間の場合）

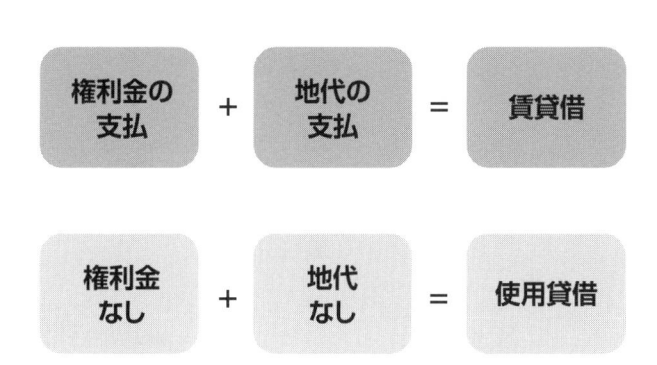

権利金の支払 ＋ 地代の支払 ＝ 賃貸借

権利金なし ＋ 地代なし ＝ 使用貸借

◆地代と権利金の授受をすると課税が生じる

親子間で、税務上「使用貸借」とされる場合のポイントは二つです。

①地代のやりとりを行わないこと

②権利金の授受をしないこと

権利金の授受をした場合、親子間であっても借地権の譲渡があったものとみなされ、課税の対象となってしまいます。

また、権利金の授受をせず、一般的な金額の地代をやりとりした場合にも、借地権の贈与があったものとみなされ、子に対して贈与税の課税が生じます。

ただし、固定資産税相当額をやりとりする程度であれば、地代のやりとりとされる

使用貸借の課税関係

	地主（親）	借地人（子）
贈与税	−	課税なし
所得税	課税なし	−
相続税	−	自用地評価

ことはないので、課税されることはありません。

◆貸宅地とはならず相続税の評価減にはならない

では、使用貸借とされた場合、税務上はどのように取り扱われるのでしょうか。贈与税の課税対象とはならないことと合わせて整理すると、上表のようになります。

地主（親）は、借地権の譲渡としては認識されません。譲渡とされないのですから、所得税が課税されることもありません。

次に、借地人（子）ですが、こちらには二つの税金が絡んできます。

まず、使用貸借であるため、贈与として

は認識されません。贈与税はものをもらったことにより課税される税金です。もの（借地権）をもらっていないことになるのですから、贈与税が課税されることはありません。

もう一つは相続税です。他人に土地を貸していると、相続時には、貸宅地として評価されます。貸宅地は、自分で使っているときの（自用地）評価と比べて一般的に30～40％の評価となります。

しかし、使用貸借の場合、親が子に土地を貸していますが、自分でその土地を使用しているものとして１００％評価されます。その分、貸宅地評価に比べ、相続税が高く課税されることは確認しておくべきポイントです。

◆借地権の使用貸借に関する確認書を必ず提出しよう

それでは、親が土地ではなく、借地権を所有していて、借地権の上に子が建物を建てるときは、どのように取り扱われるのでしょうか。

このようなときは、二つのケースが考えられます。

１８１ページのパターン１では、そもそも借地権を親から子へ譲渡または贈与することにより、借地権の所有者を子に変更する形になります。この場合、譲渡・贈与が絡むため、譲渡税・贈与税がかかります。

パターン2では、親の借地権を、子がさらに借りる（転借する）かたちになります。このとき、子から親へ使用料の支払がなければ、使用貸借とされ、前述と同じ理由で税金がかかることはありません。

しかし、この二つのパターンは、当事者間では把握できるものの、客観的には登記簿を見てもどちらのパターンなのかを把握することができません。

そこで１８２ページの「借地権の使用貸借に関する確認書」を提出し、今回の動きがパターン２であることを税務署へ確認してもらうことが必要になります。このひと手間によって、税務署がパターン１と誤認することを防ぎ、譲渡税・贈与税のみなし課税を避けることができるのです。

転借だと税金がかからない

パターン1

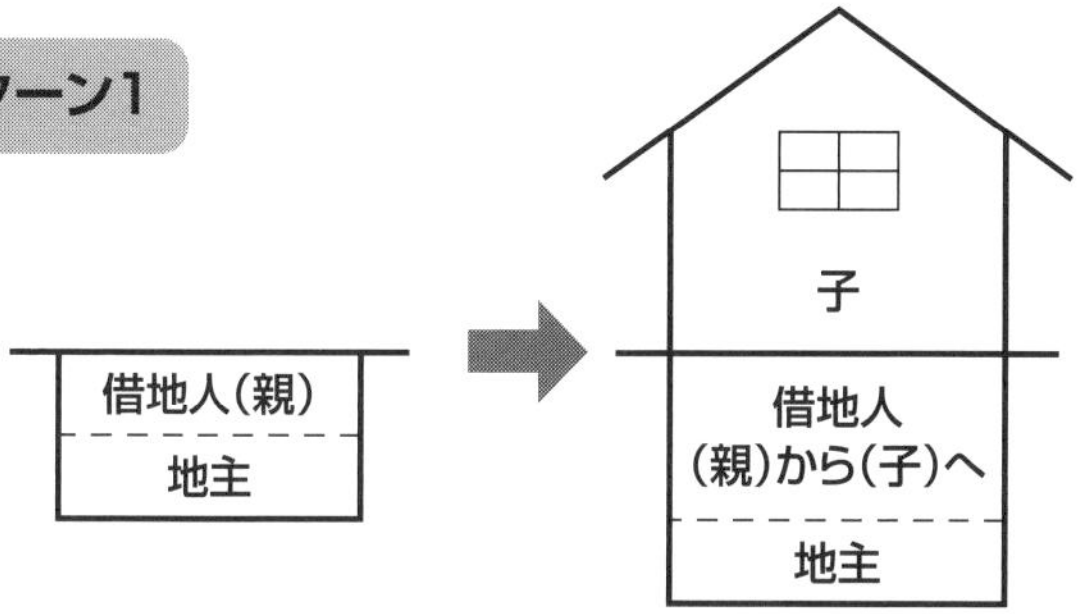

親から子へ借地権を譲渡または贈与
→譲渡税・贈与税がかかる

パターン2

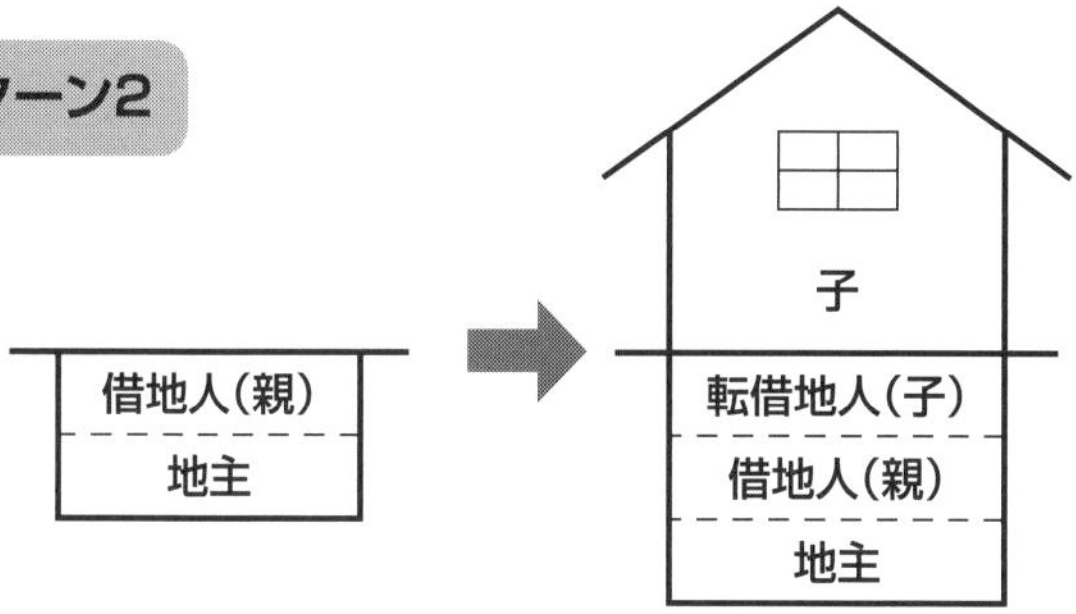

親の借地権を子が無償で転借（使用貸借）
→税金がかからない

税務署は、パターン2でも「パターン1では?」と疑ってくる
（譲渡税・贈与税のみなし課税が行われる）

→「借地権の使用貸借に関する確認書」を提出して、
パターン2であることを税務署に認定してもらう

借地権の使用貸借に関する確認書

借地権の使用貸借に関する確認書

① （借地権者）　　　　　　　　（借受者）

________________ は、________________ に対し、平成____年____月____日にその借地

している下記の土地 { に建物を建築させることになりました。／の上に建築されている建物を贈与（譲渡）しました。 } しかし、その土地の使用

（借地権者）

関係は使用貸借によるものであり、________________ の借地権者としての従前の地位には、何ら変

更はありません。

記

土地の所在 ____

地　　積 ________________________ ㎡

---

② 上記①の事実に相違ありません。したがって、今後相続税等の課税に当たりましては、建物の所有者はこの土地について何らの権利を有さず、借地権者が借地権を有するものとして取り扱われることを確認します。

平成　　年　　月　　日

借 地 権 者（住所）________________________（氏名）________________ ㊞

建物の所有者（住所）________________________（氏名）________________ ㊞

---

③ 上記①の事実に相違ありません

平成　　年　　月　　日

土地の所有者（住所）________________________（氏名）________________ ㊞

※

上記①の事実を確認した。

平成　　年　　月　　日

（確認者）__________ 税務署　__________ 部門　　担当者 ㊞

（注）※印欄は記入しないでください。　　　　（タックスアンサー・ホームページ）

3 贈与税の配偶者控除を使った節税法

◆最高２１１０万円控除できる

１７４ページでも前述しましたが、贈与税の配偶者控除を利用した節税方法があります。

「贈与税の配偶者控除」とは、結婚20年以上経った夫婦間で、自宅やその購入資金の贈与があった場合、最高２０００万円まで控除が認められるというもの。

贈与税の基礎控除は１１０万円なので、１１０万円＋２０００万円＝２１１０万円までは贈与税がかかりません。

通常の贈与なら、相続開始前3年以内の生前贈与はさかのぼって相続税が課せられますが、この適用を受けられれば加算の対象から外されます。つまり、贈与をした年に被相続人が亡くなったとしても無税で大丈夫ということです。

◆適用のための六つの要件

「贈与税の配偶者控除」を受けるには、次ページの六つの要件が求められます。

①については、内縁関係にある人には認められません。②については、自分が日常的に住むための不動産。別荘など住民票以外の土地には適用されません。⑤は無税の範囲内でも適用には税務署に申告する義務があるということ。⑥については、仮に１５００万円の家を贈与されたときは１５００万円のみが控除となり、残りの５００万円を不動産以外の贈与で利用したり、翌年に繰り越したりすることはできないという意味です。

◆不動産を夫婦の共有財産にしておく

この贈与は、土地家屋の両方が夫名義になっている場合に有効です。

この控除を利用して夫婦の共有財産にしておくと、将来自宅を売却する必要に迫られたときでも「居住用財産の売却益に対する３０００万円」の特別控除という特例を夫婦２人分で適用することができます。夫１人なら３０００万円ですが、妻と２人なら合計６０００万円の売却益まで税金がかかりません。

このように贈与税の配偶者控除を利用すると、大幅な節税が可能になります。

「贈与税の配偶者控除」を受ける6つの要件

①婚姻期間が20年を超えた夫婦間の贈与であること（※1）

②自分が住むための居住用不動産の贈与、または居住用不動産を取得するための金額の贈与であること（※2）

③贈与を受けた年の翌年3月15日までに、贈与によって取得した国内の居住用不動産、または贈与を受けた金額で取得した国内の居住用不動産に、贈与を受けた人が実際に住んでおり、かつ引き続き居住する見込みがあること

④土地または借地権のみの贈与の場合、家屋の所有者が配偶者または同居している親族であること

⑤無税でも贈与税の申告を行うこと（※3）

⑥同一の配偶者から一生に一度のみ受けること

※1　①内縁関係は認められない。20年という期間は正式な婚姻届を提出してからの期間。

※2　②金銭より不動産の贈与が得。土地や建物の贈与税の評価は、土地だと時価の80%、建物は60%程度と通常時価よりも低く評価されるため。

※3　⑤贈与税の申告書の提出の他、「贈与日から10日を経過した日以降に作成された戸籍謄本又は抄本」「贈与日から10日を経過した日以降に作成された戸籍謄本の附票の写し」「居住用不動産の登記簿の謄本又は抄本」「居住用とした日以降に作成された住民票の写し」の四つを確定申告の期間内に提出する必要がある。

4 相続時精算課税を使った節税法

◆制度を使えば大半の人は相続税を払わず早期に贈与できる

相続時精算課税制度とは、相続財産と贈与財産を合算して税額計算をする制度です。この制度を選択すると、生前贈与をした場合の贈与税は軽減しますが、相続のときに贈与された財産と相続財産を足した額に相続税がかけられます。

適用対象は、親が65歳以上、子どもが20歳以上の要件（平成27年1月1日以降は、贈与者の年齢も60歳になり、孫まで可能とされています）で、贈与税の非課税枠は２５００万円までとされています。

これは、従来の暦年贈与（一般贈与）と呼ばれるものとは対照的な贈与で、正しくは、相続のときに相続税を精算するので、税の延納です。

現実に相続税を払っている人は、対象者のおよそ１００人に４人といわれます。

ということは、この相続時精算課税制度を利用すれば、１００人のうちの96人が相続の際に相続する財産と合算しても相続税を払うことなく、贈与税も払わずに早期の贈与ができることになります。

◆総額２５００万円を超えた分は一律20％の税率がかかる

この制度は、総額２５００万円までなら複数回に分けて贈与することも可能です。贈与する回数や贈与する財産の種類に制限はありません。

ただし、贈与税の非課税枠２５００万円を超えた部分の金額には一律20％の贈与税がかかります。これも相続の際に、相続するすべての財産と合算をして、相続税の計算をします。その意味では、相続時精算課税制度は、相続税の節税にはなりません。

ですが、相続のときまでに負担した贈与税は、相続税から控除されます。さらに相続税の申告時に、相続開始時まで納付した贈与税額の方が相続税より多額だった場合は差額が還付されます。

◆再変更ができないので適用は計画的に

相続時精算課税制度は、暦年の贈与税と異なり、申告関連の手続きが厳格で煩雑です。非課税でも、贈与される側が所轄の税務署長に申告をしなくてはなりません。

また、申告期限は、相続時精算課税制度で贈与した翌年の、2月1日から3月15日までです。一度、相続時精算課税制度の贈与を利用すると、暦年贈与に戻すことはできません。数年後に、節税のために、110万円の基礎控除がある暦年贈与を使いたいと思っても、認められないのです。さらに、贈与税の非課税枠2500万円を超えた部分の金額には一律20%の贈与税がかかるため、贈与をされた年ごとに申告を続けなければなりません。

仮に贈与税の申告漏れであっても、相続時精算課税制度は最終的に相続税で精算します。くれぐれも注意しましょう。

また贈与時の価額で相続財産に合算されるので贈与時より価額の評価額が上昇している場合は有利な制度となりますが、逆に価値が下落している状態の場合は、大変不利になりますのでこの点も注意が必要です。

5 賃貸住宅贈与の節税法

◆賃貸不動産収入が子どもの資産づくりになる

大切な子どもや孫に少しでも多く財産を残してあげたいと思うのは、親の切なる願いです。そこで、現金を、時価より低めに設定される不動産などの財産の形に変えて、相続時精算課税制度を活用することは、大変有効な方法です。

具体的には、この制度を活用して、賃貸住宅を贈与します。

これによって、贈与した物件の不動産賃貸業から生まれる現金所得が子どもの所得になり、最終的には大きな節税になることもあります。

加えて、養子縁組や小規模宅地の特例を活用して、さらに節税を図ることも考えられます。この点に関しては、専門家と相談するなどして、よく検討してから行いましょう。

◆値下がりのリスク対策を立てたうえで贈与しよう

　賃貸住宅の建設ラッシュは、不動産業者が相続税の節税になることをうたい文句に、賃貸のマンション、アパート、駐車場、倉庫等などの収益物件の建築や購入を勧めていることから始まっています。すでに述べたように、不動産に投資することは、相続財産を評価するときに、価値を低くすることができるからです。

　不動産は、現金よりも処分しにくく、人に貸すことによって、さらに自由がきかなくなります。そのような事情から税務上の評価が下がります。例えば、１億円の土地は、相続税評価額では、６０００万円から７０００万円程度。建物は、例えば１億円のものが、相続税評価額では、４０００万円から６０００万円ぐらいに下がります。

　その一方で、不動産の売買には手数料もかかります。その不動産の価値が、年数を重ねることにより老朽化して、下がることも考えられます。賃貸物件は、老朽化すると借り手がなくなり、家賃収入が入らず、節税どころか多くのリスクを背負ってしまうことも考えられます。そうしたリスク管理をするうえでも、不動産活用は、信頼できる不動産屋と税の専門家に相談しながら、進めることが大切です。

6 離婚による財産分与の節税法

◆財産分与や慰謝料に税金はかからない

離婚に伴う財産分与は、夫婦が婚姻期間中に築いた財産を分配するという意味合いのものです。外で働いて賃金を得る夫は自分の財産が増える一方で、家事・育児に専念する妻は財産が増えないという不公平が生じる矛盾を離婚時に解消する意味合いで、財産分与が行われます。

原則、婚姻期間中に築き上げた財産が財産分与の対象となり、婚姻前から所有していた財産や婚姻期間中に相続や贈与により取得した財産は財産分与の対象外です。

その法律的根拠は、民法762条にあります。

「夫婦の一方が婚姻前から有する財産及び婚姻中自己の名で得た財産は、その特有財産とする。夫婦のいずれに属するか明らかでない財産は、その共有に属するものと推定する」

なお、共有財産ではないと主張する場合には、主張する者に共有ではない旨の立証責任が生じます。

では、離婚に伴う財産分与に税金はかかるのでしょうか。

原則、離婚に伴う財産分与や慰謝料に税金はかかりません。ただし、夫婦の協力によって得た財産の額や、その他の事情を考慮しても過当な部分は、贈与があったものとされます。これは、贈与税あるいは将来の相続税の回避を目的に離婚という手段をとることを抑止する意味合いもあります。

◆3000万円の特別控除は離婚後に使える

離婚に伴い財産分与あるいは慰謝料の支払いを金銭で行う場合には、前述のように分与額が不相当でなく、離婚が課税逃れのため行われたものでなければ、原則課税されることはありません。しかし、金銭でなく、不動産で分与を行う場合の課税関係には注意する必要があります。

通常、不動産の譲渡があった場合には、売値から買値（建物は減価償却後）及び仲介手数料などの譲渡費用を差し引いた残りが譲渡所得となり、譲渡所得が発生すれば、それに

離婚による財産分与の課税関係

	分与した側	分与を受けた側
原則	課税なし	課税なし
例外	金銭以外の資産の場合には 課税の可能性あり　※1	贈与税　※2

※1　不動産譲渡の場合等は、譲渡所得となり課税される可能性

※2　離婚が課税逃れのためと認められる場合や分与財産が過当と認められる場合

対し税金がかかります（原則15％の所得税と5％の住民税、軽減税率もあり）。

　また、居住していた自宅を売却した場合には、一定要件を満たせば譲渡益から3000万円を控除できる居住用財産の譲渡所得の特別控除という特例もあり、この時代、自宅を売って税金がかかるというのは、先祖代々引き継がれてきたもともとの買値が極端に低い不動産でもない限り、なかなかあることではありません。

　ですが、この居住用財産の譲渡所得の特別控除の規定で注意すべきは、親族に対する譲渡には適用がないことです。離婚前は、分与される側は法律的には親族です。譲渡益が発生しそうな場合には、籍を抜き離婚

後に分与しないと居住用財産の３０００万円控除の規定が適用されず、思わぬ税金がかかるので注意が必要です。

どうしても、離婚前に含み益のある不動産を分与したいのであれば、一度第三者に売却し、居住用財産の３０００万円控除の税優遇を受けたうえで、残りの現金を分与対象にした方が、節税上は好ましいでしょう。

なお、不動産を分与対象にした場合には、金銭のやりとりを伴わない譲渡となり、そのときの時価で譲渡したとみなされます。譲渡所得の計算上は、売値０円でなく、売値＝時価であることに注意が必要です。

第6章

実は重要！
自社株の節税法

1

自社株式の評価額をざっとつかんでおこう

◆自社株評価三つのポイント

上場株式のように取引相場のある株式は、取引相場という客観的な数値があるため、株価の評価は一目瞭然です。一方、上場していない会社の株価を評価する場合、そのような客観的な数値があるわけではありません。そこで、国税庁が作成している「財産評価基本通達」の、取引相場のない株式等の評価に基づいて株価を評価することになります。

なお、ここでの自社株式とは、同族会社のオーナーやその家族が所有する株式等のことをいい、上場株式に対して、「非上場株式」や「未上場株式」といわれ、財産評価基本通達の「取引相場のない株式」を指します。

この自社株式の評価方法は、①株主の区分、②会社規模の区分、③評価方式の決定、の三つの要素で構成されています。順に説明していきましょう。

◆①株主の区分を判断する

ここでは、会社を支配している株主（支配株主）かどうかを判断します。この支配株主と、会社の意思決定に影響を与えることができず、単に配当を期待するだけのような株主（少数株主）とでは、③の評価方式が異なります。

◆②会社規模の区分を判断する

ここでは、次ページのとおり、会社規模を従業員数、総資産価額、取引金額に応じて、大会社、中会社、小会社に区分します。このうち中会社はさらに、大、中、小に分かれるため、会社規模は五つの区分のうちのどれかに当てはまることになります。①の株主の区分と同じくこの五つの区分によって、③の評価方式が決まります。

また、特定の評価会社に該当しないかも判定します。特定の評価会社とは、土地や株式の保有割合が大きい、清算中、開業後3年未満等の特定の事情のある会社です。

◆③評価方式を決定する

評価方式には、原則的評価方式と特例的評価方式があります。

自社株価額の会社規模の区分

会社の規模		総資産価額（帳簿価額）			従業員数	年間の取引金額		
		卸売業	小売・サービス業	その他の事業		卸売業	小売・サービス業	その他の事業
大会社					100人以上			
		20億円以上	10億円以上		50人超	80億円以上	20億円以上	20億円以上
中会社	大	14億円以上	7億円以上		50人超	50億円以上	12億円以上	14億円以上
	中	7億円以上	4億円以上		30人超	25億円以上	6億円以上	7億円以上
	小	7,000万円以上	4,000万円以上	5,000万円以上	5人超	2億円以上	6,000万円以上	8,000万円以上
小会社		7,000万円未満	4,000万円未満	5,000万円未満	5人以下	2億円未満	6,000万円未満	8,000万円未満

第１次判定　従業員数100人以上　→　大会社
第２次判定　総資産価額と従業員数のどちらか低い方
第３次判定　第2次判定の結果と取引金額のどちらか高い方
最 終 判 定　大会社、中会社（大、中、小）、小会社

原則的評価方式の計算法

会社規模		評価方式	
大会社		類似業種比準価額方式	
中会社	大	類似業種比準価額方式 ×0.9	純資産価額方式 ×0.1
	中	類似業種比準価額方式 ×0.75	純資産価額方式 ×0.25
	小	類似業種比準価額方式 ×0.6	純資産価額方式 ×0.4
小会社		類似業種比準価額方式 ×0.5	純資産価額方式 ×0.5

※いずれの会社規模の区分でも、純資産価額方式のみで評価することを選択できる

①の株主の区分で支配株主となれば原則的評価方式で、少数株主となれば特例的評価方式を採用します。

原則的評価方式には「類似業種比準価額方式」と「純資産価額方式」の二つがあり、特例的評価方式には「配当還元方式」の一つのみです。

「当社は、類似業種比準価額方式を採用したい」という主張は認められず、すべては国税庁の財産評価基本通達に基づいて計算することになります。

原則的評価方式については、上表のように会社規模の区分に応じて、類似業種比準価額方式と純資産価額方式を組み合わせて計算します。

各評価方式の計算法

(1) 類似業種比準価額方式

$$\text{類似業種比準価額}\left(\begin{array}{c}\text{1株当たり}\\ \text{50円}\end{array}\right) = A \times \left[\frac{\dfrac{\textcircled{B}}{B}+\dfrac{\textcircled{C}}{C}\times 3+\dfrac{\textcircled{D}}{D}}{5}\right] \times \left[\begin{array}{l}\text{大会社 0.7}\\ \text{中会社 0.6}\\ \text{子会社 0.5}\end{array}\right]\text{斟酌率}$$

A：類似業種の株価 → 資料から判定して転記
B：類似業種の1株当たりの配当金額 → 資料から転記
C：類似業種の1株当たりの年利益金額 → 資料から転記
D：類似業種の1株当たりの純資産価額 → 資料から転記

Ⓑ：評価会社の1株当たりの配当金額 → 計算が必要
Ⓒ：評価会社の1株当たりの年利益金額 → 計算が必要
Ⓓ：評価会社の1株当たりの純資産価額 → 計算が必要

(2) 純資産価額方式

$$\text{1株当たりの純資産価額} = \frac{\begin{array}{c}\text{資産の相続税}\\ \text{評価額の合計額}\end{array} - \begin{array}{c}\text{各負債の}\\ \text{合計額}\end{array} - \begin{array}{c}\text{評価差損に対する}\\ \text{法人税等相当額(42\%)}\end{array}}{\begin{array}{c}\text{課税時期における発行済株式数}\\ \text{(自己株式数を控除した株式数)}\end{array}}$$

(3) 配当還元方式

$$\text{配当還元価額} = \frac{\begin{array}{c}\text{その株式に係る}\\ \text{年配当金額}\end{array}}{10\%} \times \frac{\begin{array}{c}\text{その株式の1株当たりの}\\ \text{資本金等の額}\end{array}}{\text{50円}}$$

$$\text{年配当金額} = \frac{\text{直前期末以前2年間における配当金額の合計額} \div 2}{\begin{array}{c}\text{直前期末における発行済株式数}\\ \text{(1株当たりの資本金等の額を50円とした場合)}\end{array}}$$

※年配当金額がない場合や2円50銭未満となる場合は、年配当金額は2円50銭として計算する

※原則的評価方式より配当還元方式が高額となる場合は、原則的評価方式による価額とする

それぞれの計算方式は次のとおりです。

・類似業種比準価額方式

業種が類似する上場会社の株価と比較して自社株式の評価額を算出する方法です。比較には、配当金額、年利益金額、純資産価額の三つの比準要素を用います。

・純資産価額方式

その会社の資産や負債の状況から自社株式の評価をする方法で、他社と比較することはありません。財務分析の考え方のように、「繰越利益剰余金がたくさんあるから健全である」「債務超過に陥っているから、財政状態がよくない」という評価です。

なお、類似業種比準価額方式の比準要素の一つである純資産価額は、帳簿価額を用います。ただし、会計上の帳簿価額ではなく税務上の帳簿価額となるので、法人税申告書から純資産価額を計算します。一方、純資産価額方式は、帳簿価額ではなく時価を用います。

・配当還元方式

過去の配当を基礎に計算した評価額（配当還元価額）をもって評価額とする方法です。

2

自社株式の贈与のタイミングを工夫した節税法

◆「暦年贈与」を使った自社株の贈与

自社株式のタイミングを工夫した節税方は三つあります。

一つ目が「暦年贈与」といわれる一般的な贈与です。

これは、基礎控除額の１１０万円を使って、毎年コツコツ自社株を贈与する方法です。１１０万円までの贈与は1年ごとに完結するため、確実に相続財産を減らすことができます。毎年10年続ければ１１００万円もの贈与ができます。

ただし、相続開始の前3年以内に贈与したものは、相続財産に加算されるので注意が必要です。また、このあと述べる相続時精算課税を利用した場合、再び暦年贈与を選択することはできません。

◆「自社株納税猶予制度」を使った贈与

二つ目が「自社株納税猶予制度」を使った贈与です。

近年、日本経済を支える中小企業にとって、事業承継の問題が顕著となっています。そのため事業承継問題の対策として、相続税・贈与税の事業承継税制が定められました。

これは、一定の要件を満たした相続、贈与であれば一定の範囲内で相続税や贈与税が猶予されるという制度です（平成27年1月より適用要件の緩和や手続きの簡素化などが図られます）。

納税猶予とは、税金の納付期限を延期するものであり、税金が直ちに免除されるわけではありません。ですので、この制度を使えばすぐに節税ができるわけではなく、さらに納税の期限を延期することと引き換えに一定の制約を受けることになります。

ですが、この制度をうまく使いこなせば、大きな節税が期待できます。

贈与税の自社株納税猶予制度の要件（平成27年1月以降）は、次ページのとおりです。

制度の対象となる範囲は、発行済議決権株式総数の3分の2までの株式です。

ちなみに、相続税の自社株納税猶予制度は、相続した株式にかかる相続税のうち80％に相当する相続税が納税猶予の対象となりますが、贈与の場合はこの80％に相当するという

贈与税の自社株納税猶予制度の要件(平成27年1月1日以降)

1　会社の主な要件

次の会社のいずれにも該当しないこと
(1)上場企業
(2)中小企業者に該当しない会社
(3)風俗営業会社
(4)資産管理会社(特例適用要件厳格化)
(5)総収入金額がゼロの会社、従業員数がゼロの会社

2　後継者である受贈者の主な要件

贈与時において、
(1)会社の代表者であること
(2)20歳以上であること
(3)役員等の就任から3年以上を経過していること
(4)後継者及び後継者と同族関係等のある者で総議決権数の50%超の議決権数を保有し、かつ、これらの者の中で最も多くの議決権数を保有することとなること
※従来は、後継者は現経営者の「親族」に限定されていましたが、平成 27 年 1 月からその要件は廃止されます。

3　先代経営者である贈与者の主な要件

(1)会社の代表者であったこと
(2)贈与の時までに会社の代表者を退任すること
(3)贈与直前において、贈与者及び贈与者と同族関係等のある者で総議決権数の50%超の議決権数を保有し、かつ、後継者を除いたこれらの者の中で最も多くの議決権数を保有していたこと

4　担保提供

納税が猶予される贈与税額及び利子税の額に見合う担保を税務署に提供すること
※特例の適用を受ける非上場株式等のすべてを担保として提供した場合には、納税が猶予される贈与税額及び利子税の額に見合う担保の提供があったものとみなされる

条件がないため、3分の2までの株式であればすべての贈与税が対象となります。
ただし、次の条件に該当した場合、納税猶予が取り消されてしまい、本来払うべき贈与税だけではなく、利子税も加算されてしまう点に注意が必要です。

・特例の適用を受けた自社株についてその一部を譲渡等（贈与を含む）した場合
・後継者が会社の代表者でなくなった場合
・5年間平均で雇用の8割を維持できなくなった場合
・会社が資産管理会社に該当した場合

この贈与税の自社株納税猶予制度のメリットは、自社株対策を最大限に活かせることです。自社株は後述する通り、ある程度、株価対策ができるものです。しかし、そのためには多少ムリをすることになったり、理想的な株価となってもそのタイミングで相続が発生しなければ、対策を最大限に活かすことができなかったりします。

贈与税の自社株納税猶予制度は、要件を満たしていればいつでも適用可能です。この制度であれば、理想的な株価のタイミングを図って、大半の自社株を贈与できるので自社株対策が最大限に活かされます。なお、贈与税の納税猶予の期限は、先代経営者の相続までです。相続時には納税猶予をした自社株は、相続により取得したとみなされて相続税の対象となってしまいます。

　ですが、この相続により取得したとみなされる自社株は、相続時の株価ではなく、贈与税の自社株納税猶予制度の適用時の株価により評価されます。ですから、贈与税の自社株納税猶予制度の適用を受けた後は、そのときの株価が相続時まで引き継がれるため、贈与後は自社株対策をする必要はありません。

　なお、贈与税の自社株納税猶予制度を適用した自社株は、相続時には相続により取得したとみなされて相続税の対象となりますが、贈与税の自社株納税猶予制度と同じような要件を満たせば、発行済議決権株式総数の3分の2までの株式にかかる相続税の80%について自社株納税猶予制度の適用を受けることができます。

◆相続時精算課税制度は株価対策との相性がよく、制限も少ない

　三つ目は相続時精算課税制度を利用した贈与です（１８６ページ参照）。

　この制度は、贈与をしたときの贈与税を軽減しておき、将来発生する相続のときに、それまでに贈与した財産を含めて相続税を計算し、贈与税を精算するものです。条件を満たすことで、２５００万円までの贈与には贈与税がかかりません。これを超える贈与があれ

ば、その部分に対して、20％の贈与税がかかるものです。

つまり通常の贈与より、はるかに贈与税を減らすことができるのです。

この制度は相続時に贈与した財産のすべてが相続税の課税対象になることや、一度利用すると、それ以後同じ人への贈与については、一般的な贈与である暦年贈与が適用できなくなる一方で、自社株納税猶予制度を使った贈与と違い、適用の要件や手続きは、複雑で難しいわけではなく、実施しやすいものです。そのため、早期に贈与を行いたい場合にはとても有効な手段です。

また、この制度は自社株納税猶予制度と同じく、相続税の対象となる自社株は、相続時の株価ではなく、贈与をした時点の株価により評価されるため、自社株対策を有効に活用することができます。さらに、自社株猶予納税制度との組み合わせも可能なので、それらのメリットを活かせば、大きな節税効果が期待できるでしょう。

3

自社株式の評価額を引き下げる節税法

◆評価額が高い要因をチェックしよう

前項のように、自社株式の評価方法は、財産評価基本通達で決められています。

そのため、この通達のルールに則って自社株式の評価額を引き下げなければなりません。

評価額を引き下げるテクニックは次の方法に分けられます。

・**評価方法の仕組みを使って下げる方法**
・**類似業種比準価額を下げる方法**
・**純資産価額を下げる方法**

これらの方法のなかから、どれを優先して取り組むべきか判断することが重要です。そこで、まずは評価額が高くなっている要因を把握します。チェック項目は、次の3点です。

①評価方法の仕組み

自社株対策を考える会社は、類似業種比準価額よりも純資産価額の方が大きくなることが一般的です。そうであれば、類似業種比準価額と純資産価額を組み合わせて評価額を計算する場合、純資産価額の割合が大きくなると評価額が高くなってしまいます。

その割合とは、会社規模によって決まるものであり、会社規模の区分が小さいほど純資産価額の割合が大きくなります。そこで会社規模の判定に用いる従業員数、総資産価額、取引価額をチェックし、会社規模の区分が小さくなっている要因を把握します。

②類似業種比準価額

これは、類似業種の株価、１株当たり配当金額、１株当たり年利益金額、１株当たり純資産価額をそれぞれ乗じて類似業種比準価額を計算するため、いずれか一つでも大きな数値があると、評価額が高くなります。

とくに１株当たり年利益金額は類似業種比準価額の計算上、３倍となるので高評価額の要因となるおそれが強まります。

③純資産価額

利益積立金の蓄積による内部留保が多い場合や、土地・有価証券の含み益があると評価額が高くなります。

◆評価方法の仕組みを使って評価額を下げる

評価額が高くなっている要因が把握できたら、これに対応すべく対策を講じます。もちろん、これから説明する方法は、評価額を下げるためのものであり、これにとらわれて本業に支障をきたすことがあってはなりません。合理的な経営判断のもとで、できることを採用すべきです。それでは、具体的な評価額引下げテクニックを紹介していきます。

まずは、評価方法の仕組みを使って下げる方法です。

①会社規模の区分を変える

A　従業員数の増加

例えば従業員数が95～98人の場合、従業員数をあと数人増やせば１００人超で大会社となります。１００人超となった従業員数を維持すれば、自社株式の評価は有利になります。

また、大会社に限らず、従業員数が会社規模の区分の境目付近であれば、従業員を数人増やすことによって会社規模の区分が上位になり、自社株式の評価額を下げることができます。

B　総資産価額の引上げ

借入をして新規投資をすることによって、総資産価額が大きくなり、会社規模の区分が上位になります。ただし、新規投資が土地や株式の購入の場合には、総資産に占める土地や株式の割合が大きくなってしまいます。この割合が、会社規模に応じて一定割合（例えば土地の場合、会社規模の区分に応じて70～90％）になると、土地や株式の保有割合が大きいとして特定の評価会社に該当してしまう場合があるので注意が必要です。

C　取引金額の増加

合併や営業譲り受けなどをすれば、取引金額が増加し会社規模の区分が上位になります。

②特定の評価会社を回避する

特定の評価会社に該当すると、会社規模の区分とは関係なく、純資産価額方式によって計算した金額が、そのまま自社株式の評価額となってしまうなど、一般的に自社株式の評価にとって不利になります。そこで、特定の評価会社に該当させない対策を講じます。

A　比準要素を1にしない

比準要素が1（配当金額、年利益金額、純資産価額のうち二つが0）の場合、「比準要素数1の会社」という特定の評価会社に該当し、会社規模の区分に関係なく、「類似業種比準価額×25%、純資産価額×75%」で評価することになります。

２１３ページの②Bで、利益を引き下げる対策をした結果、年利益金額が０となって、配当金額も従来から０のため、「比準要素数１の会社」に該当してしまい、逆に自社株式の評価額が高くなってしまうこともあり得るので注意が必要です。

B　土地、株式の保有割合の対策

土地の保有割合が一定の割合になると、土地保有特定会社に該当し、会社規模の区分とは関係なく純資産価額方式によって計算した金額が、そのまま自社株式の評価額となってしまいます。株式も同様に保有割合が一定の割合になると、株式保有特定会社に該当し一般的に評価額が高くなってしまいます。

そこで、土地や株式の保有割合を下げる次のような対策をすれば、特定会社に該当しなくなり、自社株式の評価額を下げることができます。ただし、特定会社を免れるためだけに課税時期前において、合理的な理由もなく資産構成を変動した場合は、その変動はなかったものとみなされてしまうことがあるので、注意が必要です。

・保有している土地や株式を売却したり、関係会社へ移転したりする
・借入をして土地や株式以外の資産を増やし、総資産価額を大きくする

◆類似業種比準価額を下げる

次は、類似業種比準価額を下げる方法を紹介しましょう。

①類似業種の株価が下がったと判断できるときをねらって贈与をする

②比準要素である1株当たり配当、1株当たり年利益金額、1株当たり純資産価額のいずれか、または全部を下げる

A　配当を下げる方法

類似業種比準価額の計算では、配当金額は直前期末以前2年間の平均を用います。このとき、創立10周年記念配当といった特別配当など、毎期継続性のないものは配当金額には含まれません。配当については法人税では経費とはなりませんので、通常の配当は最小限に抑えた方が相続税の節税だけでなく、法人税の節税もできます。

B　利益を引き下げる方法

・従業員に賞与を支給する
・古い機械を新しいものに換える
・寄付金を多く出す

これらは、お金を使って経費を生み出すものであり、当然、利益を下げることはできますが、お金は出ていく一方となってしまいます。これに対して、次のような方法であれば、会社からお金は出ていくものの、それが社長個人の財産になったり、後から戻ってきたり、あるいは将来必ず発生する費用を前倒しで支払ったりするものなので、有意義な対策であり優先して実施すべきです。

・現社長に対して法人税の限度額いっぱいまで役員退職金を支給する
・役員に昇格した人や子会社に転籍した従業員に退職金を支給する
・経費性の高い保険（会社が受取人となる長期平準定期保険、逓増保険、養老保険（福利厚生プラン））に加入する

こうして利益を引き下げる方法もありますが、利益をコントロールすることは簡単ではありません。そこで、類似業種比準価額の１株当たり年利益金額は、帳簿価額（税務上の数値）を使うため、地価や株価の下落による含み損を実現することができれば、帳簿上の利益が減少し、類似業種比準価額を下げることができます。

また、高収入の部門がある場合、その部門を分社化すれば利益の圧縮ができるので、類似業種比準価額を下げられるでしょう。

C　純資産価額を下げる方法

利益を下げる方法と同じく、類似業種比準価額の１株当たりの純資産価額は、帳簿価額（税務上の数値）を使うので、地価や株価の下落による含み損を実現することができれば、帳簿上の純資産価額が小さくなり、類似業種比準価額を下げることができます。

◆純資産価額を下げる

最後は、純資産価額を下げる方法です。

①借入をして自社ビルや工場などを新築する

純資産価額方式では、資産・負債を時価で評価することで純資産価額が計算されます。したがって、借入金についてはその残額がそのまま負債として認識されるのに対して、建物の時価（相続税評価額）は固定資産税評価額を基準に計算された金額となるため、取得価額よりもかなり低い金額で評価されます。

この取得価額と時価の差が株価の評価を下げる要因となります。ただし、土地や建物は取得してから３年以内のものについては、取得価額をもってその評価額とすることになっていますので、実際には取得後４年目から株式の評価にその効果が表れます。

②会社を分社化して含み益のある資産を移転する

③資産の評価方式を活用した対策をする

一般的な相続税対策に用いるものと同じで、不動産投資による対策が代表的です。賃貸不動産を購入することによって、土地の貸家建付地評価や家屋の貸家評価による評価減の効果を活用します。

4 貸付金の放棄、資本金の振替えを使った節税法

◆貸付金は相続財産になる

会社の資金繰りが厳しいとき、社長は受け取った給与を会社に貸し付けることがあります。また、資産を購入するとき、銀行からの融資だけでは資金が不足する場合は、社長個人のお金を会社に貸すことがあります。

そのようなときは、自分の会社から利息を受け取ったり、返済計画を作成したりすることは少なく、どちらかというと「あるとき払いの催促なし」になるケースがほとんどかと思われます。

会社に利益が出て、社長へ返済を継続している状態であればよいのですが、会社への貸付金が塩漬け状態になっていると、貸借対照表にいつまでも借入金残高が残ってしまうことになります。

社長に万が一のことが起こってしまうと相続財産にこの借入金残高が含まれることとなります。会社側から見ると借入金ですが、社長側から見ると貸付金ですから相続財産となります。「返済してもらうつもりでなかった」「会社にはお金がないので返済できなかった」「本来の貸付金はもっと少なかった」と言っても、相続財産の評価においては1億円貸していれば、その貸付金は1億円の評価になってしまいます。

◆貸付金の放棄は贈与税の課税に注意

この貸付金を相続財産として相続税の対象外にするには、この貸付金を放棄します。放棄した貸付金は、会社にとっては本来返済すべき借入金を免除されたので債務免除益として利益に計上されます。つまり、1億円免除してもらうと1億円利益に計上されることになります。債務免除前に利益が1000万円すでにあれば、1億円がプラスされて1億1000万円の利益となり、それに対して各種の税金の支払いが発生します。

しかし、税務上の繰越欠損金があると、その利益と相殺されます。期限が切れてしまう欠損金が残っているのであれば、その期限切れ部分の繰越欠損金の範囲内で貸付金を放棄すれば、債務免除益が発生しても相殺され、法人税等は課税されません。

ただし、この方法はメリットばかりではありません。繰越欠損金があるからといって放棄してしまうと、贈与税が課税される可能性があるからです。

会社が債務免除益を受けるのに、なぜ贈与税が発生するのか疑問に思われるかもしれませんが、会社が債務免除益を受けると利益が発生して、その結果、会社の価値が増加するからです。そして、価値の増加は株式の評価に影響してきます。

これは、他の株主がもっている株式の評価の増加を意味します。他の株主は会社にお金を貸していないし、出資をしていないにもかかわらず、社長が貸付金を放棄したために、株式の評価が増加し、間接的に社長から贈与を受けたとみなされて贈与税が課税されるのです。

また、この贈与税の計算の基礎となる株式の評価は、会社の規模や設立経過年数等により、計算方法が異なります。会社の貸借対照表でなく、時価で評価するので、特に以前取得した土地等は、現在の路線価で評価し直すと、貸借対照表に計上されている評価との乖離が大きくなります。そのために、貸借対照表だけ見て贈与税が課税されていないと判断してしまうことは要注意です。

贈与税の税率は累進性が強く、基礎控除110万円控除後の課税価格が1000万円の

貸付金を減少させるには

①債権を放棄（会社は債務免除益計上）
→ただし会社は累積赤字（法人税法規定内）が限度

②役員報酬を減額し貸付金を返済する

③貸付金を資本金に振り替える
→ただし自社株評価の問題がある

④貸付金を相続人等へ前もって連年贈与する

場合、贈与税は275万円（一般贈与財産の場合）となります（特例贈与財産の場合210万円）。

貸付金を減らす他の方法として、会社の貸借対照表に計上されている借入金を資本に振り替える方法があります。現金のかわりに社長が貸している貸付金の現物を出資して、株式を購入します。この場合、時価で評価するため、こちらも実行前によく検討することが必要です。資本金に組み入れると、組み入れる金額によって、住民税の均等割の増加、また、中小企業税制で優遇されている税率等が利用できなくなります。

5

従業員持株会を用いた節税法

◆従業員持株会に株を渡せば相続税が軽減できる

オーナー経営者が自社株のすべてまたは大部分を所有していた場合、いざ相続が起こった際に、自社株の相続税評価額が非常に高額となり、その結果として後継者に相続税の負担が重くのしかかることが予想されます。場合によっては、後継者が相続税を支払うために、自社株式を会社に売却したり、会社から資金を借りなければならない状況に陥り、会社の資金繰りにも影響を及ぼしかねません。とはいえ、自社株は通常、上場株式のように市場性がありませんので、相続税評価額で他人に売却することは不可能に近く、また経営権の問題から考えても、むやみに譲渡することはお勧めできません。

そこで、この少々やっかいな自社株対策の一つとして、経営権に影響しない程度の株数を従業員持株会に譲渡したり、贈与をしたりする方法があります。

そうすることで株式を社外に流出させずに、オーナーの相続財産を減らすことができます。

自社株のうち経営上必要最低限の株数（一般的には株主総会の特別決議を可決できる議決権の3分の2以上）はオーナー一族が所有し、経営権に影響が生じない範囲で、オーナーが所有している自社株のうち相続税の計算上負担が重い部分を従業員持株会に渡してしまおうということです。

従業員持株会とは、従業員が自己の会社の株式を保有することを目的としてつくられた組織をいい、一般的には、持株会自身が株主となり、持株会を構成する従業員は、持株会が所有する株式について出資割合に応じた持分を共有することになります。株式は持株会の理事長名義で登録・一括管理され、配当金は理事長名義で受領され、それが従業員に分配されます。従業員持株会設立に当たっての注意点をまとめておきましょう。

◆オーナーの経営権に影響が出ないようにすること

①従業員の持株比率を10～15％程度にとどめておく

②持株会へ放出する株式を無議決権株式とする

定款変更や組織変更など重要事項を決議する際には、必要な議決権が3分の2以上であるため、オーナーは少なくとも株式（議決権）の3分の2以上は所有していた方が望ましいといえるでしょう。

または②のように持株会へ移す株式を議決権が生じない株式、いわゆる無議決権株式に転換させておくのも一つの方法です。その場合には株主である持株会に所属している従業員に不公平感を与えないために、併せて優先して配当を受け取ることができる「配当優先株式」にするとよいでしょう。

◆株式が社外へ流出しないようにするには

①持株会に入会できる対象者の範囲を勤続年数や役職で限定しておく

②定款に株式の譲渡制限規定を設けるようにする

③株券を不発行とするか、株券を発行している場合には、株券の不所持の届出を提出してもらうか、株券の引き出しを禁止する

④退職または脱退する場合には、持分株式を持株会が定めた価格で、持株会が買い取る旨を持株会等の規約に明記する

◆単独株主権と少数株主権にも配慮をした設計をしよう

株式がもつ権利は大きく分けて自益権と共益権に分かれます。自益権とは株主が会社から経済的利益を受けることを目的とする権利をいい、共益権とは株主が会社の経営に参与することを目的とする権利をいいます。

さらに、共益権は単独株主権と少数株主権に分かれます。単独株主権とは、株主の持株比率や議決権比率にかかわらず、会社の株式を1株でも保有している株主に生じる権利で、代表的なものに株主代表訴訟提起権があります。少数株主権とは会社の発行済株式総数または議決権総数の一定割合を保有している株主に生じる権利で、代表的なものとして、会社の発行済株式総数または議決権総数の3％以上保有している株主に権利が生じる帳簿閲覧権があります。

ここで、注意しておきたいのが、持株会の株主に議決権を行使されることを防止するため、持株会に放出する株式を無議決権株式としたとしても、持株会の株主の会社に対する一切の権利行使が排除されたわけではありません。

議決権がなくても、単独株主権である代表訴訟提起権や少数株主権である帳簿閲覧権という権利は有していますので、無議決権株式にしておけば安心というわけではありません。

場合によっては、従業員持株会の構成員に株主代表訴訟権を行使されたり、帳簿閲覧権を行使されたりする恐れがあります。

持株会の理事長を選出する際は、オーナーサイドに一定の理解を示してくれる方を選び、また、従業員持株会の構成員となる株主の対象者を設定する際にも配慮が必要となってきます。

従業員持株会は、オーナー経営者にとっても従業員にとっても活用の仕方によっては、大変効果的でメリットのある制度です。ただし、設計によってはオーナー経営者の意図しないデメリットを被る恐れがあるため、導入に当たっては、各種税法だけでなく民法にも精通している税理士にご相談されることをお勧めいたします。

6

自社株式の物納を使った節税法

◆自社株式は物納できるのか

オーナー社長の相続で相続人が一番困ること。それは間違いなく納税資金の問題です。蓄財のほとんどを会社に注ぎ込んできたオーナー社長は財産の大半が自社の株式であり、市場に公開されていない株式は相続財産としての価値は評価されても、現実に現金化することは非常に難しいため、相続人は納税資金に苦慮することになります。

平成13年度の商法改正に伴い、法人が自社株式を保有することは原則自由となりましたが、法人も多額の自社株式を購入するとなれば当然それだけの資金が必要となります。昨今の経済環境では、自社株式の取得に多額の資金を充てられる法人は限りなく少ないと思われます。相続人自身が納税資金を負担するだけの経済力があればよいですが、ない場合に納税資金の捻出方法の一つとして考えられるのが「自社株式の物納」です。

「自社株式の物納」は法律的には可能です。ただし国は物納をする場合の相続財産については一定の条件を課しています。そしてその条件を満たした相続財産についてのみ物納を認めており、自社株式についても一定の条件を満たした場合に限って物納が認められます。

◆「自社株式の物納」を受けるための要件とは

相続税においては、その納税の方法として「金銭による納付」「延納」「物納」の三つの方法を定めています。

ただし、これらは納税者の自由な選択というわけではなく、原則はあくまで「金銭による納付」です。「延納」は「金銭による納付」が困難な場合にのみ認められる納税方法で、「物納」は「金銭による納付」「延納」のいずれも困難な場合にのみ認められる納税方法です。ですから「物納」はいわば最後の手段となるわけです。

国は物納財産について「管理、処分をするのに適切なもの」でなければならないとしています。そのため、物納財産の種類ごとに順位をつけて、原則としてその順位でしか「物納」を認めないこととしています。つまり納税者が好き勝手に物納する財産を選ぶことはできません。よく不要な財産があるのでその財産を物納したいという声が相続人の方から

自社株式の物納が認められる要件

自社株式の物納が認められるためには、まず一般の物納の要件を満たし、さらに自社株式特有の要件を満たすことが必要

1 一般の物納が認められるための要件

①金銭によっても延納によっても納付することが困難であること
②申告期限までに申請をすること
③税務署長の承認を受けること
④申請する物納財産は国が管理、処分するために適したものであること

2 物納財産の順位

第一順位：国債及び地方債、不動産及び船舶
第二順位：社債及び株式、証券投資信託または貸付信託の受益証券
第三順位：動産
※「自社株式」は第二順位に該当することになる

3 「自社株式の物納」についての要件

①相続または遺贈により取得した財産のほとんどが自社株式であること
②自社株式以外に物納に充てるべき財産がないと認められること
※さらに実務上は物納申請自社株式については「買取希望者がいて買取予定が確認できること」または「株式発行会社についての指標等に基づき一定の基準を満たしていること」等の要件をクリアしている必要がある

聞かれるのですが、選択権は国にありますので、相続する財産の内容を十分検討して物納を申請する必要があります。

「自社株式の物納」は物納適格財産の第二順位である「株式」に該当します。従来、国は「自社株式」を「管理、処分するのに適切なもの」とは見ていませんでした。

しかし、中小企業者に対して取引相場のない株式に対する物納の条件が整備され物納への途が開かれることになりました。このため「自社株式の物納」は通常の「物納」の要件以外にもいくつかの要件をクリアして「物納」が認められることとなります。

したがって「自社株式の物納」が認められるための条件はかなり大変ではあります。

しかし、条件を満たせば物納することは可能ですから納税資金に窮している相続人にとっては納税のための一つの選択肢として検討の余地は十分にあるといえるでしょう。あとはその条件をクリアするための準備を会社とともに行っておくことが大切です。

◆物納後に国は権利を行使するのか

「自社株式の物納」が許可された場合、会社にとって一番気になることは、株主となった国がいかなる権利を行使して経営に関与してくるのかということです。

この点について国は、商法上の特別決議が必要な場合や配当金が適正に支払われなかった場合等一定の場合に限り、その権利を行使するとしています。そのため、通常の経営を行って適正な配当が行われていれば、基本的には国から「物申す」ことにはなりません。

◆将来は会社で買い戻すことも可能

平成13年度の商法改正により法人の自社株式の保有が原則自由となりました。このことにより株式発行会社が物納株式の有力な買取先となりました。相続人は自社株式を物納して将来は会社が買い取り、所有するという流れができあがったわけです。

物納が認められれば納税者は相続税の支払いにその評価額の全額を充てることができます。会社についても物納株式を計画的に買い取り、自社で保有することで支配関係を維持することができます。

会社が買い取る際の価額は買取時の評価額です。このため物納後の業績等によっては物納時よりも評価額が高く（低く）なる場合があります。この点を利用して物納後に株式の価額を下げる対策を打つことで、物納時よりも低い価額で自社株式を買い戻すこともできるのです。

7 金庫株を活用した節税法

◆会社に株式を買い取ってもらい納税資金に充てる

自分の会社の株式を財産に加味していない、あるいは、出資した金額＝相続税評価額と勘違いされている方は少なくありません。1000万円の出資額が2倍、3倍の相続税評価額となっていることもあります。

換金性のない非上場株式のような財産が相続財産の大部分を占めるようなケースでは、相続税の納税が困難になります。

非上場株式を物納することも可能ですが、厳しい要件を満たさなければなりません（226ページ参照）。

このような場合に、会社に株式を買い取ってもらい、相続税の納税資金に充てる方法を検討してみてはいかがでしょうか。

◆会社の買取財源には制限がある

金庫株とは、発行会社自らが取得する自己株式のことをいいます。以前は、発行会社の自己株式の取得・保有には規制がありましたが、平成13年の商法改正により、その取得・保有が原則自由になりました。

また、会社法改正後、手続き的には年1回の定時株主総会だけでなく、臨時株主総会においても自己株式の取得ができるようになり、手続きが緩和されました。

自己株式の買い取りは、このように過去の改正を経て手続的に緩和されましたが、会社法上、その買取財源には規制があります。

自己株式の買取財源は、分配可能額に一定調整をした金額が限度になります。おおまかにいえば、貸借対照表の純資産の部の合計から資本金などを控除して一定調整を加えた金額が取得財源になり、それを超えて取得した場合には無効となります。なお、純資産額が３００万円未満の法人は、自己株式の取得はできません。

◆相続が発生してから会社に譲渡した方が節税になる

通常、個人株主が所有する自己株式を、金庫株制度を利用して会社に買い取ってもらった場合、買取金額のうち会社の資本等の金額を超えた部分は、「みなし配当」となり、配当所得として総合課税されます。「みなし配当」の額によっては所得税だけで最高40％の税率が課される可能性もあります。最高税率が適用されることで、手取金額が譲渡価額の半分近くになってしまう可能性もあるので注意が必要です。

一方、相続により取得した株を相続の日の翌日から相続税申告期限後3年以内に譲渡した場合には、買取金額が資本等の金額を超えた場合でも、その部分はみなし配当とはならず、譲渡所得の取扱いになります。発行法人の買取価額から取得費（通常出資額）と譲渡にかかった費用を差し引いた残りの利益に対し一律20％（所得税15％＋住民税5％）の分離課税で済みます。

なお、この場合には、「相続財産を譲渡した場合の取得費加算の特例」を利用して、支払った相続税のうち、譲渡した株式に対応する相続税分を取得費に加算することもできます。

◆買取価額によっては発行法人側に課税されることも

一方、発行法人側は、買取価額に注意をしなければなりません。

旧商法においては原則、自己株式は適正な時価で買い取ることとなっていたため、税務上は、時価と異なる価額での取得には、発行法人側で受贈益等の課税関係が生じることがありました。現会社法においては、自己株式の取得は資本等取引と認識されることになり、発行法人には、原則課税関係が生じないことになります。

しかし、適正価額を意識しながらも、何らかの経済的利益の供与を意図し、時価と乖離した価額で取引を行った場合には、発行法人側に課税関係が生じる可能性もあり、注意が必要です。相続税納税のために金庫株制度を利用する場合には、専門家に相談することをお勧めします。

自己株式を発行法人に譲渡した個人の課税関係

●通常の場合

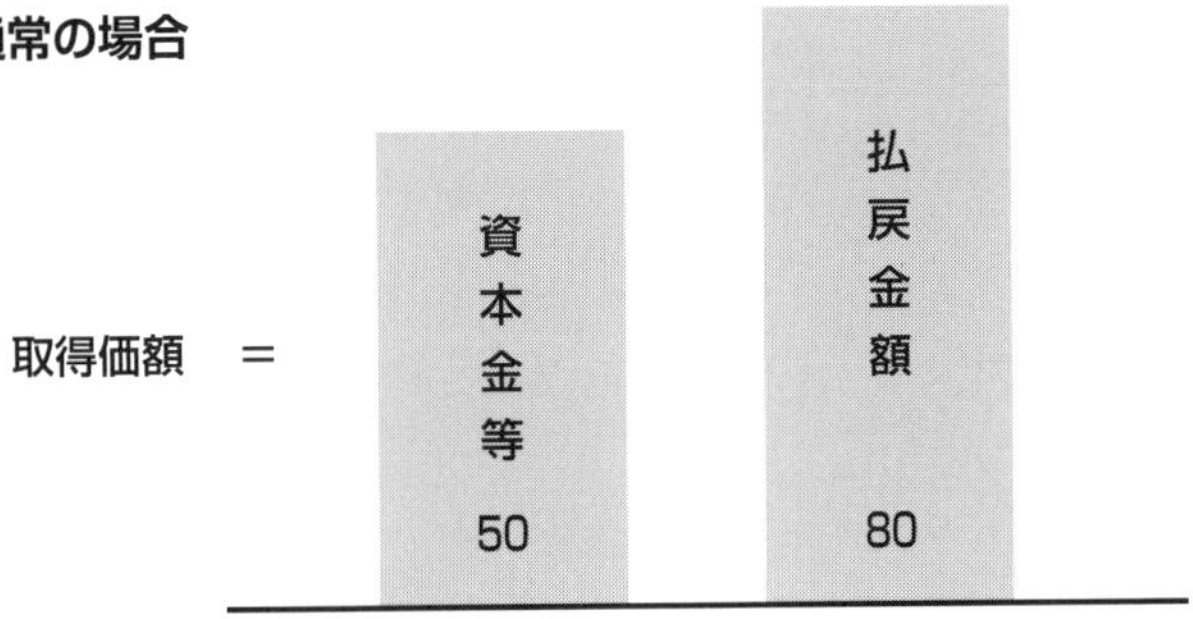

払戻金額 80 − 資本金等 50 ＝ 30

30は、みなし配当になり、配当所得（総合課税）
30に対し所得税最高税率40％と住民税10％が適用される可能性
（配当控除は適用あり）

●相続により取得した自己株式を相続税申告期限後3年以内に発行法人に譲渡した場合

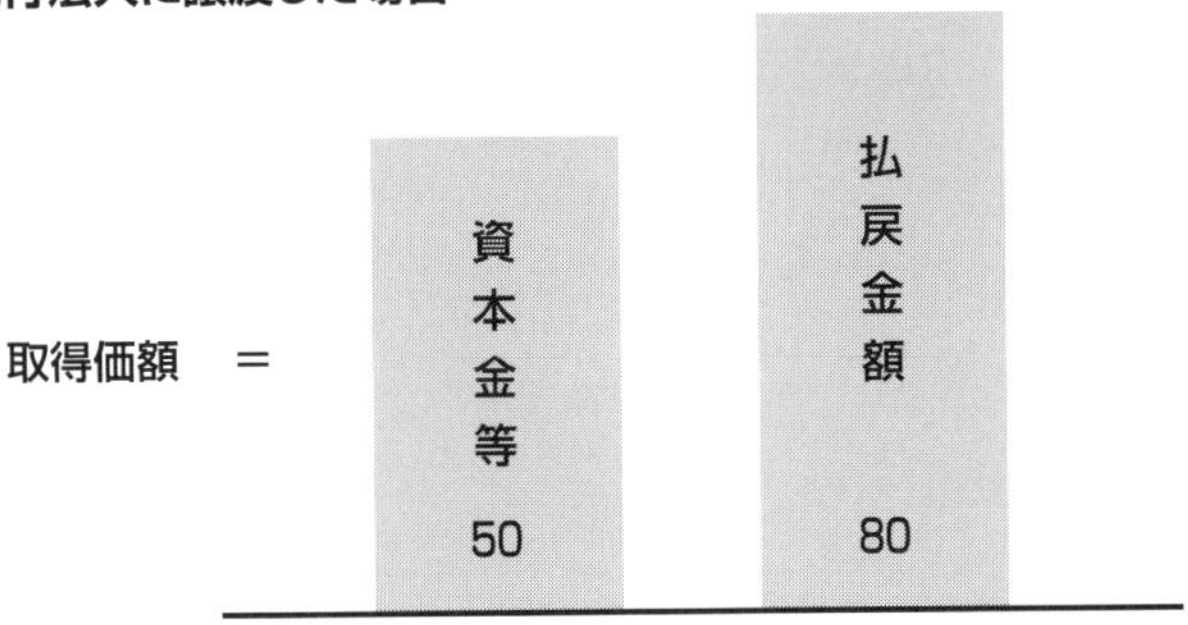

払戻金額 80 − 資本金等 50 ＝ 30

30は、譲渡所得（分離課税）
30に対し、一律15％の所得税と5％の住民税

一般社団法人

起業家を支援する
全国会計事務所協会

頼れる税理士の
全国チェーンQ-TAX®

中小企業を応援する
会計事務所の会

髙橋　浩

■税理士・行政書士・ファイナンシャルプランナー

「人である以上相続はいつか必ず発生します」まして経営者様や資産家様には生前からの事業承継・相続税への十分な対策が必要になって参りますが、早期に継続した対応が取れれば、大きな安心を次代にバトンタッチ出来ます。私たちは御客様が素直に相続への取り組みを決断し相談実行できるよう、最も身近な応援団を目指しております。

【髙橋浩税理士事務所】

〒 243-0027　神奈川県厚木市愛甲東 2-16-23
TEL：0120-555-667/046-250-5000　FAX：046-250-0050
E-mail：info @ ta5000.com　URL：http://atsugi-souzoku.jp/

近江　清秀

■公認会計士・税理士

全力で頑張る経営者だから、全力で応援することをお約束します。安定して利益を生み出す会社作りを社長と共に考えます。そのために①経営革新等支援機関に登録し資金調達をサポートします②最適な節税対策をご提案します③黒字経営に向けたコンサルティングを行います。どんな事でもお気軽にお問い合わせください。

【近江清秀公認会計士税理士事務所】

〒 651-0087　兵庫県神戸市中央区御幸通 8-1-6　神戸国際会館 17 階
TEL：078-959-8522　FAX：078-959-8533
E-mail：office @ marlconsulting.com　URL：http://www.marlconsulting2.com/

佐々木　康貴

■税理士・ファイナンシャルプランナー

表参道にて、アメフトで培った体力とフットワークの軽さを武器に、日々、全力で、顧客に満足して頂くために活動しております。「表参道コンサルティング・パートナーズ」という屋号のもと、多岐に渡る税制や改正にも対応すべく、数名の税理士とパートナーを組んでサポートしております。

【佐々木税務会計事務所】

〒 107-0061　東京都港区北青山 3-5-14　青山鈴木硝子ビル 7 階
TEL：03-3408-7488　FAX：03-6369-3788
E-mail：sasaki @ consul-partners.com　URL：http://www.sasaki-taxoffice.com

冨山　勝男

■税理士・行政書士・租税訴訟補佐人・政治資金監査人・FP

昭和 56 年創業以来、一般企業から公益法人（学校・医療・社団、財団法人）まで対応できます。相続対策、事業承継まで幅広く支援、応援をおこなっております。「小さくても強い会社をつくりましょう」「倫とした経営で儲けましょう」

【税理士冨山勝男事務所】

〒 160-0022　東京都新宿区新宿 2-9-23　SVAX 新宿 B 館 4F
TEL：03-3351-1741　FAX：03-3351-1742
E-mail：tommy @ mail3.alpha-net.ne.jp　URL：http://www.e-zeirishi.co.jp/

金谷　政徳

■公認会計士・税理士

銀座４丁目で中小企業と個人事業主の税務・経営業務のコンサルティング、アドバイザー活動等を中心に行う。大増税時代に備える守りと、加速するグローバル化時代の資産運用のバランスを常に考えて、オーナー経営者の家族と社員、お客様を守るのが我々の使命です。

【金谷公認会計士事務所】

〒104-0061　東京都中央区銀座 4-10-3　セントラルビル７階
TEL：03-6264-0895/0120-578-903　FAX：03-6264-0896
E-mail：info @ sphere.gr.jp　URL：http://www.kanaya-cpa.jp

上野　竜太郎

■税理士法人代表税理士（東京税理士会）・認定支援機関（中小企業庁）

あなたの税金対策を全力で応援します！　法人税、所得税、相続税など、税理士によって税金も大きく変わることがあることをご存知ですか？　豊富なノウハウと、きめ細かな対応でお客さまの資産形成をサポートします。お気軽にお電話ください！

【上野税理士法人】

〒108-0074　東京都港区高輪 2-8-12
TEL：03-6450-2173　FAX：03-6450-2174
E-mail：info @ networkyui.com　URL：http://www.networkyui.com

大野　哲・大野　晃

■税理士・相続診断士

独立したい、会社を設立したい、創業融資、助成金、補助金により資金調達したい、そして事業が開始したら「節税」をしたいなと考えている方、相続の申告等での「節税」をお悩みの方 50 周年を迎える ITA 大野税理士事務所にお気軽にご相談下さい！

【ITA 大野税理士事務所】

〒173-0013　東京都板橋区氷川町 26-5　栄ビル 2F
TEL：03-5943-2565　FAX：03-5943-2566
E-mail：a-ohno @ ita-tax.com　URL：http://www.ita-ohno.com/

佐藤　昇

■税理士

決算・申告や資金繰りはもちろんのこと、中小企業の経営者が成功して幸せになるためにどうすべきかを提案しアドバイスします。「財務参謀」として企業の発展になくてはならない存在を目指しており、各種金融機関も紹介できます。そして経営者の資産づくりには絶対的な自信をもっています。

【佐藤昇税理士事務所／株式会社財務プランニング】

〒980-0012　宮城県仙台市青葉区錦町 2-4-13　サンライズビル
TEL：022-265-8786　FAX：022-265-8796
E-mail：info @ zaimp.com　URL：http://www.zaimp.com/

荻野　博司

■税理士・公認会計士・事業再生士補

経営者は、「企業成長」と「家族の幸せ」を夢見て日々頑張っています。そんな中で不安に出くわします。私たちスタッフは経営者と語らい、多くの業種や多くの会社から学んだ豊富な経験を活かし、共に不安に立ち向かい、経営者の目標の実現を応援していきます。

【荻野総合会計事務所】
〒350-1123　埼玉県川越市脇田本町 23-1　住友生命ビル 4F（事務所移転の予定あり）
TEL：049-241-7781　FAX：049-241-7786（TEL・FAX は移転なし）
E-mail：ogino @ oginoao.gr.jp

福海　照久

■税理士・行政書士・FP

「経営者と共に考え、共に成長し、共に繁栄する」を事務所理念に定め、スタッフ全員経営者のベストパートナーになるべく日々取り組んでいます。中小企業を守れるのは経営者ご自身しかいません。合法的な節税をして、経営者と会社を守るための「資産づくり」を私どもと共に考えてみませんか。

【福海照久税理士事務所】
〒464-0855　愛知県名古屋市千種区千種通 7-105-2
TEL：052-737-1411　FAX：052-737-1412
E-mail：mail @ fukuumi.jp　URL：http://www.fukuumi.jp

長島　良亮

■公認会計士・税理士・行政書士

最先端の会計税務・労務を駆使し、知恵と発想の転換で、わかりにくい問題にわかりやすい解決をすることにより、お客様の成長発展をサポートすることが当社の存在意義です。企業経営、医業経営、公益法人、社会福祉法人、相続、労務、M ＆ A など幅広く対応させていただきます。

【さいたま税理士法人】
〒330-0061　埼玉県さいたま市浦和区常盤 4-16-2
TEL：048-835-3311　FAX：048-826-0610
E-mail：info @ saitamatax.jp　URL：http://saitamatax.com

藤間　秋男

■公認会計士・税理士・中小企業診断士・行政書士・ファイナンシャルプランナー

税理士 32 名、公認会計士 7 名ほか、総勢 170 名の専門家を擁する総合コンサルティンググループ代表。事業承継をライフワークとする 100 年企業創りコンサルタントとして 1000 回以上のセミナーを開催。「明るく・元気・前向き」を理念に企業が永続発展する仕組み創りを支援している。

【TOMA コンサルタンツグループ株式会社】
〒100-0005　東京都千代田区丸の内 1-8-3　丸の内トラストタワー本館 3 階
TEL：03-6266-2555（代表）／ 0120-944-533　FAX：03-6266-2563
E-mail：toma @ toma.co.jp　URL：http://www.toma.co.jp/

伊坂　勝泰

■税理士・行政書士・IT コーディネータ

私が考える税務会計というのは、大前提として、99.7%を占める中小企業を前提として思考し、客観的なものではなく選択肢のある主観であることと考えます。従って、税理士及び経営者の考え方によって決算書対策を行使することにより、全く異なった結論にもなりうることがある。

【伊坂会計総合事務所】
〒116-0003　東京都荒川区南千住 5-9-6-503
TEL：03-3802-1418　FAX：03-3803-6233
E-mail：isaka_office @ yahoo.co.jp　URL：http://www.geocities.jp/isaka_office/

津田　明人・津田　加代子

■税理士・FP・行政書士

法人・個人問わず、お困り事・悩み事は、まず私どもへご相談ください。それが、煩わしい悩みを一手に解決するワンストップサービスです。信頼できるプロサポーター集団があなたの成功を導きます。

【税理士法人　津田明人税理士事務所】
〒466-0011　愛知県名古屋市昭和区鶴羽町 2-20-3　ツルハビル
TEL：052-745-5611　FAX：052-745-5616
E-mail：tsuda30 @ triton.ocn.ne.jp　URL：http://www.tsuda30.com

畠　嘉伸

■米国公認会計士・税理士

創立以来 40 年、経営計画の策定と相続事業承継対策を重点得意分野とし、全国約 3,000 社に経営関与させて頂いております。中小企業の親・子・孫の 3 代、100 年に渡って、資産を「貯める」「守る」「増やす」ことに主眼を置き、計画的な節税と資産形成に努めさせていただきます。

100 年続く愉快な時代を創造するヴァンガード
【畠経営グループ　畠＆スターシップ税理士法人】
〒920-0003　石川県金沢市疋田 1-33
TEL：076-252-6195　FAX：076-251-5423
E-mail：info @ hatake-ao.com　URL：http://www.hatake-ao.com

佐藤　譲

■税理士・システムアドミニストレータ・経営革新等支援機関

税理士とのコミュニケーションは、税務リスク対策への第一歩です。何事も事前相談を密にして将来の税コストを抑えることが、経営者様にとって最も有効なタックスプランになります。お悩み事は一度言葉に出して相談してみませんか。不安が解消されますよ。そんなお付き合いを開業当時から続けております。

【佐藤譲税理士事務所】
〒112-0013　東京都文京区音羽 1-17-11　花和ビル 510
TEL：03-6805-3450　FAX：03-6805-3451
E-mail：satou @ satou-taxfirm.com　URL：http://satou-taxfirm.com

米田　典弘

■税理士

「お客様が安心して経営に集中することができるための良きパートナーになること」を目指し、税務申告だけでなく、資金繰りや融資・格付けアップのお手伝い、経営計画作成支援等の業務も行っています。社会保険労務士や司法書士等と提携し、ワンストップ・サービスを心がけています。

【米田税務会計事務所】
〒 190-0011　東京都立川市高松町 3-14-14　OT ビル 3 階
TEL：042-526-2639　FAX：042-526-2610
E-mail：095980inie @ zeitachikawa.jp　URL：http://farettachikawa.q-tax.jp/

古屋　佳男

■税理士・行政書士・終活カウンセラー

私は、お客様の目標実現や事業の拡大・成長のためにとことん親身にバックアップする税理士です。事業計画策定や計画実行支援、節税対策など、事業発展のためのさまざまな支援を行っています。さらに、社長様やご家族様、従業員様の人生がよりよくなるように積極的にご提案し、全力でサポート致します。

【古屋総合事務所】
〒 160-0023　東京都新宿区西新宿 7-15-10-201
TEL：0120-588-268　FAX：03-5332-8788
E-mail：info @ faccount.jp　URL：http://www.faccount.jp

河口　雅邦

■公認会計士・税理士

「効果的な節税」を行うことにより会社の財務基盤を強固なものにすることが出来ます。当事務所ではお客様のニーズに合わせた節税対策をご提案しています。また、節税対策だけではなく事業計画作成、資金繰り・融資サポート等、「経営者の社外パートナー」として活動しています。

【河口雅邦公認会計士・税理士事務所】
〒 755-0031　山口県宇部市常盤町 2-4-16　YM ビル 1F
TEL：0836-43-9531　FAX：0836-43-9532

渡邊　敬之

■税理士・財産形成コンサルタント

昭和 51 年明治大学商学部卒。右山昌一郎税理士事務所勤務、米国ミシガン大学研修後、米国デロイトハスキンスセルス会計事務所を経て、昭和 58 年に千代田区神田で開業。東京税理士会で税理士向け税務相談員、日本税務会計学会常任委員、税理士会・歯科・医師会・銀行・保険会社等での講演・相談・執筆。個人の事業・贈与相続・不動産活用から法人設立・1 部上場（監査役）、国際税務等の今までの経験・ノウハウ・人脈をご提供いたします。

【渡邊会計事務所】
〒 270-0003　千葉県松戸市東平賀（本土寺参道大門前）38-2
TEL：047-341-0333　FAX：047-341-0129
E-mail：watanabe.tax.off @ nifty.com

川村　和弘

■税理士

川村会計事務所は「お客様の困ったこと」に対応するためにスタッフ全員で最大限の努力をする事務所です。決算を組む際には銀行からの「融資」を意識した決算書の作成を行います。個人法人を問わず創業からのお手伝い、中小企業の様々な案件に幅広く対応させていただきます。

【川村会計事務所】
〒590-0948　大阪府堺市堺区戎之町西 1-1-6　ITK ビル 2F
TEL：072-232-1088　FAX：072-230-4010
E-mail：info @ kawamura-tax.jp　URL：http://www.kawamura-tax.jp/

八鍬　伸一

■税理士・ファイナンシャルプランナー

当事務所の４つの基本原則は、①正確であること…納税額、節税額、情報発信等すべてに正確②安心と安全… 安心してお任せ頂けます③提案…お客様にとってベストな方策をご提案致します。④そして整理・整頓です。法人・個人・相続・資金繰など積極的にバックアップ致します。

【八鍬税務会計事務所】
〒349-0114　埼玉県蓮田市馬込 1-31
TEL：048-769-9551　FAX：048-769-9550
E-mail：tax-yakuwa @ air.ocn.ne.jp　URL：http://yakuwa.net/

大谷　裕彦

■税理士

当会計事務所は、「お客様繁栄のパートナー」として、決算処理から経営指導まで行っております。主たる内容は、次のとおりです。1. 会社設立関係 2. 決算処理、事務指導 3. 税務申告 4. 相続、贈与関係 5. 経営指導改善、アイデアの提案 6. 銀行借入、金融関係

【大谷会計事務所】
〒321-0968　栃木県宇都宮市中今泉 3-20-11
TEL：028-634-7055　FAX：028-634-8145
E-mail：ootani10 @ snow.ocn.ne.jp

藤井　祐彦

■公認会計士・税理士・行政書士

「法人」「社長個人」「相続」すべての節税において必要なのは、たんなる知識ではなく知恵です！　資産形成のために節税するなら、お金を使った節税の前に、知恵を使った節税を考えてみてはいかがでしょうか？　当会計事務所は、常にお客様と同じ目線で「知恵の節税」をご提案致します。

【藤井祐彦公認会計士税理士事務所】
〒211-0063　神奈川県川崎市中原区小杉町 3-252-1　朝日パリオ武蔵小杉 1006
TEL：044-711-8455　FAX：044-711-8951
E-mail：info @ fujii-cpa-office.com　URL：http://www.fujii-cpa-office.com/

鈴木　忠伍■税理士
鈴木　裕章■公認会計士・税理士

「論語とソロバン」三方善し、アクティブな体質で、お客様と従業員の幸を願う経営者の方の事業にとり、活力を増す御手伝いをします。税理士とは、人様に役に立つことに感謝できる大変有難い仕事です。提案力や直観力を活かし「道徳と経営の合一性」を計ります。

【税理士法人鈴木会計事務所】
〒 233-0002　神奈川県横浜市港南区上大岡西 2-9-20　シャンローゼ上大岡 402 号
TEL：045-844-2371　FAX：045-844-2373
E-mail：info @ s-chugo.com　URL：www.s-chugo.com

井熊　三郎
■税理士・IT コーディネーター・FP

相続税義務が発生したら早く相談して下さい。相続税申告は、複雑で準備期間を必要とします。当事務所の方針は、クライアントの方針達成に邁進、そして達成感かつ満足感を共に享受したい。会社経営者とは、事業の安定成長のサポートを常とした、公私にわたる経営者コラボアドバイザーとした存在です。

【井熊会計事務所】
〒 371-0014　群馬県前橋市朝日町 4-10-2
TEL：027-243-5301　FAX：027-243-5374
E-mail：sab @ i-soken.com　URL：http://i-soken.com

楠元　克成
■公認会計士・税理士

税務サービスはもちろん、株式上場支援、決算・開示支援、中国・アジア進出支援など、御社のニーズに合わせて幅広く支援いたします。まずはお気軽にご相談ください。

【楠元公認会計士事務所】
〒 160-0022　東京都新宿区新宿 1-28-9　新宿高山ビル 6 階
TEL：03-5315-4545　FAX：03-5315-4546
E-mail：kkusumoto @ kusumoto-cpa.jp　URL：http://www.kusumoto-cpa.jp

鴛海《おしうみ》　量明《かずあき》
■税理士・公認会計士

支払う税金はできるだけ抑えて資産を増やしていきたい…こうしたご要望を持たれる社長さんはたくさんいらっしゃいます。これを実現させるためには、早めの決算予測及び決算対策が必要です。弊社では、社長のお力になれるよう全力でサポートいたします。まずはご相談ください。

【税理士法人おしうみ総合会計事務所】
〒 107-0052　東京都港区赤坂 2-17-44　福吉坂ビル 1 階
TEL：03-3568-6532　FAX：03-3586-1148
E-mail：oshiumi @ oshiumi-cpa.jp　URL：www.oshiumi-cpa.jp

君和田　昭一

■税理士・社会保険労務士・FP

『税務申告』中心ではなく『経営支援』というスタンスで税務会計から人事労務、FPに関する専門サービスを提供しております。『節税対策』のご提案も経営支援サービスの大きな柱だと考えております。お客様ごとに最適なプランをご提案できるよう日々研鑽して参ります。

【税理士・社労士・FP 君和田昭一事務所】

〒314-0145　茨城県神栖市平泉東1-64-181　大竹ビル2F
TEL：0299-90-1655　FAX：0299-90-1603
E-mail：kimiwada @ beige.ocn.ne.jp　URL：http://www.kimiwada.com/

林　弘己

■税理士・行政書士

20数年前、区画整理事業によって私の父が相続した田圃が相続税を払いきれない程の資産価値になりました。毎年の固定資産税をどうするのか？　相続税はどうするのか？　ご先祖様から預かった土地をどうやって承継していくのか？　私の実体験のノウハウが満載された一冊です。

【税理士法人林会計事務所】

〒810-0022　福岡県福岡市中央区薬院1-14-5　MG薬院ビル4階
TEL：092-718-7800　FAX：092-718-7810
E-mail：hakaikei @ hotmail.com　URL：http://www.hakaikei.jp/

江本　誠

■公認会計士・税理士・CFP®

当事務所は創業以来、中小企業の社長のために、税務・会計のみならず何ができるかを常に考え行動しています。目の前の社長とトコトン向き合い、共に成長するために、会社の財務、社長個人の資産形成の全体最適を図るサポートをいたしております。まずは社長の話を聴かせてください。

【江本誠公認会計士・税理士事務所】

〒530-0047　大阪府大阪市北区西天満3-5-18　第3新興ビル6階
TEL：06-6363-3680　FAX：06-6363-3681
E-mail：info @ emoto-accounting.com　URL：http://emoto-accounting.com

佐藤　一夫

■税理士

意欲的に重責を担い、誠実に日々の激務に精励の社長さん。納税は誇りであり、義務ですね。しかし、必要以上の納税はイヤですね。内部留保の厚い会社の財務、キッチリ蓄財できる収入。企業評価基準となる利益・個人の所得などの質的向上を更に進めるべく複雑な税制面からも見直してみませんか。私どもはプロとして最適な改革をお手伝いさせていただきます。

【佐藤一夫税理士事務所】

〒939-8096　富山県富山市西大泉1-32
TEL：076-421-7542　FAX：076-421-5261
E-mail：takata.1-32 @ k2.dion.ne.jp
URL：http://www.kozenji-account.jdlibex.jp/index.html

小屋敷　順子

■税理士

長い不況のトンネルを抜け､いよいよ始動のとき。皆さん一緒に頑張りましょう！！　納める税金を減らすには設備投資が効果大。でも、その資金の借入には程よい納税が必要です。さらに決算時には、現金預金残も大事になってきます。全てをうまく回しながら、会社に利益を残しましょう。あなたがご自分の本業に専念できるよう、私たちが全力で支えます。ファイト！！

【小屋敷順子税理士事務所】

〒862-0924　熊本県熊本市中央区帯山 5-21-1
TEL：096-383-4646　FAX：096-383-1904
E-mail：Koyasihki.tax @ gmail.com　URL：http://www.koyashiki.com/

山崎　暁生

■税理士

会社にかかわる税金は、法人税だけではありません。消費税、源泉所得税、固定資産税等と様々です。また、同族会社の場合は特に、オーナー様など個人の所得税、相続税、贈与税も含めて税負担を考える必要があります。各税の関連性を考慮した節税と資産づくりを考えてまいります。

【山崎暁生税理士事務所】

〒253-0014　神奈川県茅ヶ崎市本宿町 3-7-2F
TEL：0467-55-2140　FAX：0467-55-2141
E-mail：ak-ts @ tkcnf.or.jp　URL：http://www.tkcnf.com/yamazaki-tax/

川股　修二■代表社員／法学博士・税理士・行政書士
加藤　知子■代表社員／税理士
岩下　誠■社員税理士／税理士
蓬田　聖美■税理士

大切な会社、そして社長個人の財産、正しく節税して資産を残し、次世代へ負担なく引継ぎたくありませんか？　当事務所には７名の税理士が所属しており、法人・相続・贈与税他あらゆる部門でお客様に役立つ節税対策をご提案しております。

【あすか税理士法人】

〒004-0031　北海道札幌市厚別区上野幌１条 2-4-3
TEL：011-801-7755　FAX：011-801-8866
E-mail：asukatcorp @ tkcnf.or.jp　URL：http://www.asuka-zeirishi.com/

髙田　成郎

■公認会計士・税理士

どんな時代でも生き残るために「キャッシュ最大化」に徹底してこだわっています!!　当事務所では税法のみならず、会社法、民法、不動産・倒産法、マネジメント理論等を駆使し、資産を残すために最優先で考えなければならないコストである税金の極小化プランを提案します!!

【かいせい税理士法人】

〒530-0011　大阪府大阪市淀川区西中島 4-3-24　サムティ新大阪センタービル 6 階
TEL：06-6307-3583　FAX：06-6307-3584
E-mail：s.takada @ kaisei-sp.com　URL：http://www.kaisei-tax.com/

山口　学

■公認会計士・税理士・AFP

中小企業を元気にする会計事務所として成長意欲の高い経営者の方々を会計・税務＋経営コンサルティングでご支援させていただいております。相続・事業承継対策、正しい節税指導、経営計画策定、金融機関対策等が得意分野です。頼れるパートナーとしてあらゆるご相談に真摯に対応させていただきます。

【公認会計士・税理士山口学事務所／株式会社エム・エス・コンサルティング Q-TAX 南新横浜店】

〒221-0865　神奈川県横浜市神奈川区片倉 3-29-15　MS ビル
TEL：045-482-2400　FAX：045-482-2366
E-mail：q-tax @ ms-cpa.co.jp　URL：http://www.ms-cpa.co.jp

山本　孝之

■公認会計士・税理士

会社を経営する社長にとって、個人の所得と会社の所得の両面から節税を考える必要があります。当事務所では、そのような経営者のために会計・税務の専門家としてのサービスを提供しています。当事務所は、会計・税務面から貴社の経営をサポートいたします。

【山本孝之公認会計士事務所】

〒222-0037　神奈川県横浜市港北区大倉山 3-54-13
TEL：045-547-6441/090-9677-2453　FAX：045-547-6441
E-mail：info @ yamamoto-cpa.com

落合　裕昭

■税理士・ファイナンシャルプランナー・経営革新等支援機関

相続対策は「今が重要」です。相続を「争続」にしないためにも人生のエンディングを円満にサポート致します。そのためにも生前の相続準備が大切です。当事務所は創業以来 40 年余り、お客様に税務を通じて安心と信頼を提供してまいりました。相続税の申告・節税対策・生前贈与など相続税対策の専門家として親身に対応致します。

【落合税務会計事務所】

〒171-0032　東京都豊島区雑司が谷 1-46-12
TEL：03-3982-0750（代表）　FAX：03-3982-2552
E-mail：ocean @ ochiai-tax.jp　URL：http://www.ochiai-tax.jp/

永野　健生

■税理士

中小企業は誰も守ってくれません。社長が会社を守るしかありません。会社を守るための解答の一つが正しい会計情報です。会計情報が企業の実態を表わしてこそ、その価値が活きます。私共は社長の意思決定のため社長と手を携え正しい会計情報を提供し、中小企業の発展に尽くしたいと願っています。

【永野健生税理士事務所】
〒780-8014　高知県高知市塩屋崎町 2-12-6
TEL：088-832-8555　FAX：088-831-4875
E-mail：nagano @ tkcnf.or.jp　URL：http://www.nagano-kaikei.com

福野　幸央

■公認会計士・税理士

会社を取り巻く税金は大変複雑です。当事務所では、会社の節税はもとより、社長の節税、家族も含めた節税に取り組んでいます。今回は、会社と個人の節税と事業承継に関連する相続や贈与の節税についても整理してあります。この本は、社長の節税と資産づくりの参考になると確信致します。

【ロイヤル・タックス税理士法人】
〒340-0815　埼玉県八潮市八潮 7-1-13
TEL：048-995-2911　FAX：048-997-0288
E-mail：fukuno @ fukuno.jp　URL：http://www.royal-tax.or.jp/

北川　茂実

■税理士

家族だけで話がしづらいときは、電話をください。どんな些細なことでもご相談に乗ります。「争続」にしないためにも、できることは事前に対策していきましょう。豊富な経験と知識で、人生の総仕上げを円満にサポートいたします。安心してご相談ください。

【北川茂実税理士事務所】
〒540-0026　大阪市中央区内本町 1-3-5　クロス・ロード内本町 1001 号室
TEL：06-6920-6625　FAX：06-6920-6626
E-mail：info @ t-amuse.com　URL：http://www.t-amuse.com/

常住　豊

■税理士・行政書士・法務博士

当事務所では決算前に丁寧な説明の上、法令に準拠した適切で有効性のある節税策を提案しています。例えば、生命保険を活用した節税策は、企業防衛や社長の資産づくりによる生活設計にもお役に立っています。“情けは人のためならず”。損得を考えない顧客第一主義を貫き、最善策を提案します。

【税理士・行政書士 常住事務所】
〒115-0055　東京都北区赤羽西 1-5-1-606　アピレ・赤羽アボードⅠビル内
TEL：03-3905-6981　FAX：03-5963-7430
E-mail：yutaka @ tokyo.email.ne.jp　URL：http://www.tsunezumi.jp/

さくいん

一般社団法人 起業家を支援する全国会計事務所協会
頼れる税理士の全国チェーン Q-TAX®
中小企業を応援する会計事務所の会

監修者

広瀬 元義
(ひろせ・もとよし)

株式会社アックスコンサルティング代表取締役
株式会社FANアライアンス代表取締役

1988年、会計事務所とその関与先の成功を支援するコンサルティング専門会社として創業。会計事務所の経営支援、一般企業の経営支援、資産家の不動産コンサルティングを中心に業務を展開。2003年、株式会社アックスコンサルティングに業務をすべて統合。2005年「黒字経営を実現する会計事務所の会」として経営支援を得意とする税理士の全国ネットワークを発足。2010年、相続・贈与に取り組む専門家のネットワーク「アックス資産税パートナーズ®」を発足、「相続・贈与相談センター®」としてサービスを展開。2011年、スモールビジネスの成功を支援する会計事務所の全国フランチャイズ「Q-TAX®」を発足。さらに業界のトレンドがわかるタブロイド紙「税理士業界ニュース®」の発行等、会計事務所に新たな提案を続けている。また、AAM(米国会計事務所マーケティング協会)の正式メンバーとして常に最新情報を入手し、日本の会計事務所業界の発展に貢献している。
会計事務所および経営者向けセミナーの講演は年間50回以上。これまでに出版した著書25冊の累計発行部数は30万部を超える。

起業家・スモールビジネス応援サイト

inQUP®

［インキュアップ］

インキュアップとは、起業家・スモールビジネスの成功を応援する情報配信サイトです。一般社団法人「起業家を支援する全国会計事務所協会」の委託を受けて Q-TAX®が運営しています。

inQup　検索　http://inqup.com/

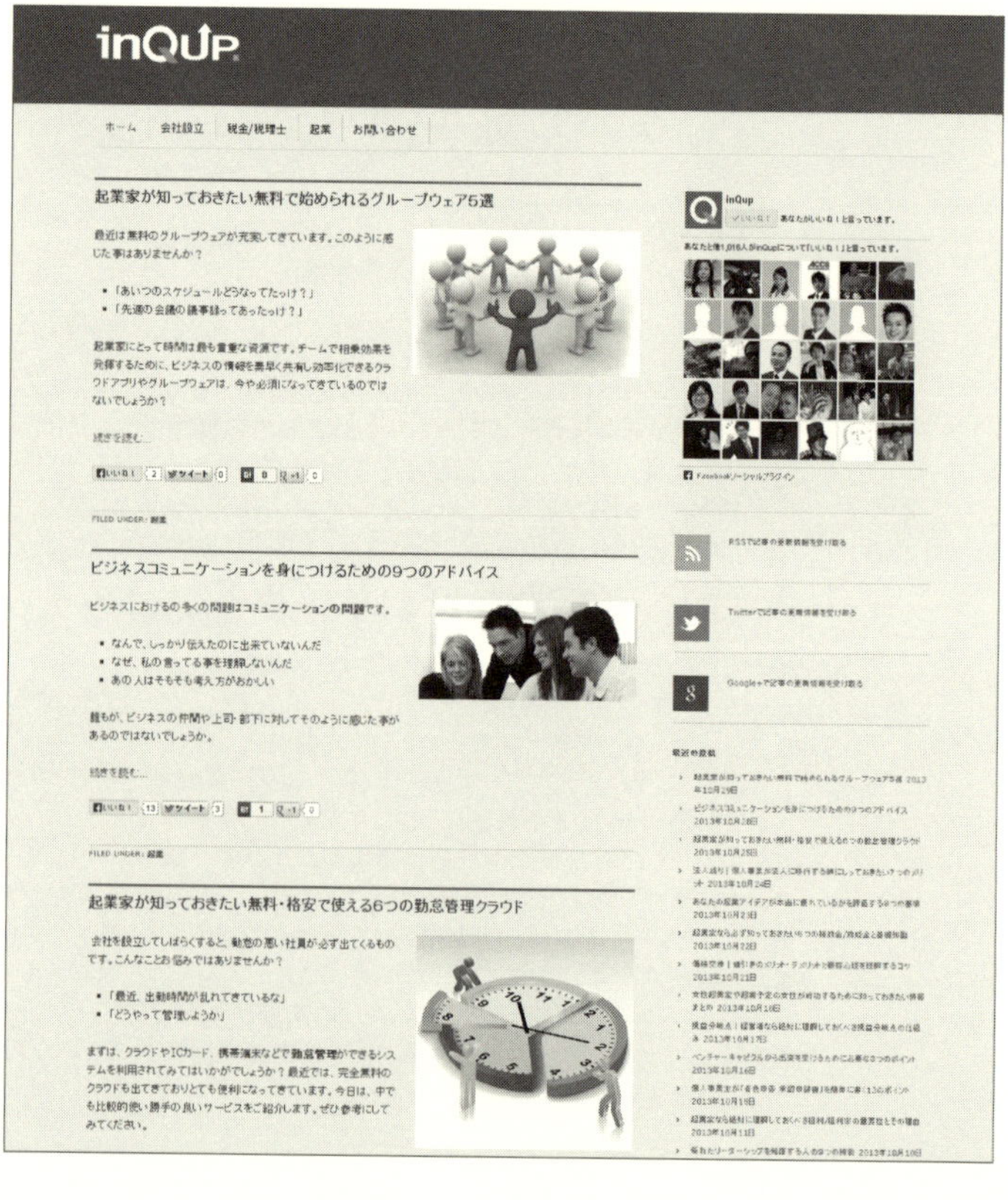

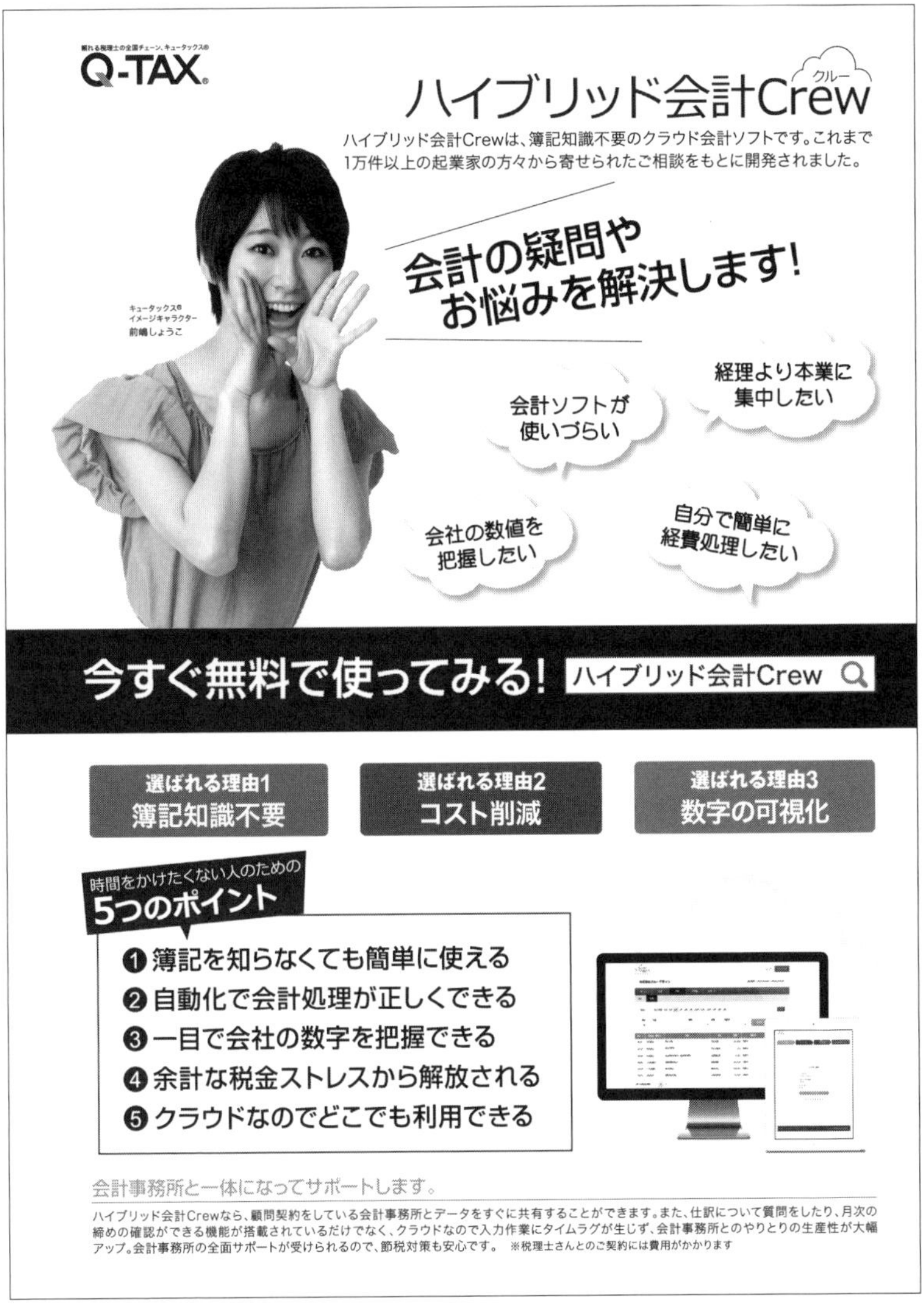
頼れる税理士の全国チェーン、キュータックス®
Q-TAX®
ハイブリッド会計Crew《クルー》
ハイブリッド会計Crewは、簿記知識不要のクラウド会計ソフトです。これまで
1万件以上の起業家の方々から寄せられたご相談をもとに開発されました。
会計の疑問や
お悩みを解決します!
キュータックス®
イメージキャラクター
前嶋しょうこ
会計ソフトが
使いづらい
経理より本業に
集中したい
会社の数値を
把握したい
自分で簡単に
経費処理したい
今すぐ無料で使ってみる!
ハイブリッド会計Crew
選ばれる理由1
簿記知識不要
選ばれる理由2
コスト削減
選ばれる理由3
数字の可視化
時間をかけたくない人のための
5つのポイント
❶簿記を知らなくても簡単に使える
❷自動化で会計処理が正しくできる
❸一目で会社の数字を把握できる
❹余計な税金ストレスから解放される
❺クラウドなのでどこでも利用できる
会計事務所と一体になってサポートします。

ハイブリッド会計Crewなら、顧問契約をしている会計事務所とデータをすぐに共有することができます。また、仕訳について質問をしたり、月次の締めの確認ができる機能が搭載されているだけでなく、クラウドなので入力作業にタイムラグが生じず、会計事務所とのやりとりの生産性が大幅アップ。会計事務所の全面サポートが受けられるので、節税対策も安心です。 ※税理士さんとのご契約には費用がかかります

著　者

一般社団法人
起業家を支援する
全国会計事務所協会

これから起業する人、起業した社長の成功をサポートする全国の税理士・公認会計士のネットワークです。

［主な活動］

- 起業・経営に関する情報提供とサポート
- 創業支援に関わるネットワークの形成
- 創業・記帳代行に関するシステムの開発
- 税理士の全国チェーン Q-TAX®との提携による経理・会計サービスの提供

頼れる税理士の
全国チェーン
Q-TAX®

「会計サービスに、もっとわかりやすい料金体系を！」「もっと充実のサービスメニューを！」そんな声にお応えする会計事務所の全国チェーンです。全国約200店舗（2014年6月現在）を展開し、頑張る社長のビジネス成功をサポートしています。

フリーダイヤル 0120-570-910
Q-TAX®お客様センター
（9:00 ～ 19:00 ※土曜も対応）

Q-TAX　検索

http://www.q-tax.jp/

中小企業を応援する
会計事務所の会

中小企業の成功と発展を全力でサポートする会計事務所です。継続的な黒字発展のための税務・会計の仕組みづくりはもちろんのこと、会社経営の問題解決にも積極的に取り組んでいます。

社長《しゃちょう》の節税《せつぜい》と資産《しさん》づくりがまるごとわかる本《ほん》　〈検印省略〉

2014年　7　月　14　日　第　1　刷発行

監修者――広瀬元義（ひろせ・もとよし）
著　者――一般社団法人 起業家を支援する全国会計事務所協会
頼れる税理士の全国チェーンQ-TAX®
中小企業を応援する会計事務所の会
発行者――佐藤和夫

発行所――株式会社あさ出版
〒171-0022 東京都豊島区南池袋 2-9-9 第一池袋ホワイトビル 6F
電　話　03 (3983) 3225 (販売)
03 (3983) 3227 (編集)
F A X　03 (3983) 3226
U R L　http://www.asa21.com/
E-mail　info@asa21.com
振　替　00160-1-720619
印刷・製本　美研プリンティング(株)
乱丁本・落丁本はお取替え致します。

facebook　http://www.facebook.com/asapublishing
twitter　http://twitter.com/asapublishing

ISBN978-4-86063-692-0 C2034